KB164503

청년 흙밥 보고서

청년 흙밥 보고서

초판 1쇄 2018년 12월 5일
초판 6쇄 2021년 4월 2일

지은이 변진경

출판책임 박성규
편집주간 선우미정
편집 이동하·이수연·김혜민
디자인 한채린·김정호
마케팅 전병우
경영지원 김은주·장경선
제작관리 구법모
물류관리 엄철용

펴낸이 이정원
펴낸곳 도서출판 들녘
등록일자 1987년 12월 12일
등록번호 10-156
주소 경기도 파주시 회동길 198
전화 031-955-7374 (대표)
031-955-7376 (편집)
팩스 031-955-7393
이메일 dulnyouk@dulnyouk.co.kr
홈페이지 www.dulnyouk.co.kr

ISBN 979-11-5925-374-4 (03300) CIP 2018037648

이 도서의 국립중앙도서관 출판예정도서목록(CIP)은 서지정보유통지원시스템 홈페이지(http://seoji.nl.go.kr)와 국가자료공동목록시스템(http://www.nl.go.kr/kolisnet)에서 이용하실 수 있습니다.

값은 뒤표지에 있습니다. 잘못된 책은 구입하신 곳에서 바꿔드립니다.

청년 흙밥 보고서

들녘

일러두기

- 이 책은 2008년 10월부터 2018년 10월까지 『시사IN』에 보도된 기사를 바탕으로 추가·수정·보완한 글을 엮었다. 활동가나 전문가 등을 제외한 취재원의 이름은 모두 가명이고, 나이는 취재 당시를 기준으로 썼다.
- 단행본, 신문, 잡지 등은 『 』, 논문, 보고서, 문학작품 등은 「 」, 노래, 방송 프로그램 등은 〈 〉로 표기했다.

추천의 말 똑같이 가난한 식탁을 마주하고 있는 나와 당신의 이야기

스무 살, 대학 새내기 시절 학생회관 식당에는 '카페테리아'라는 것이 있었다. 반찬을 선택하고 그만큼의 돈을 지불하면 되는 방식이었다. 오리엔테이션에서 만난 선배 K는 우리에게 "우리 학교는 밥을 정말 싸게 먹을 수 있는 게 장점이야. 카페테리아에서 밥(300원), 국(300원), 김치(200원), 이렇게 세 개만 선택하면 800원이니까" 하고 말했다. 농담인 줄 알았는데 카페테리아에서 만난 그는 정말로 그렇게 800원짜리 식사를 하고 있었다. 메인 반찬의 가격이 1200원 정도 했으니까, 그의 한 끼 식사는 반찬 한 그릇보다도 저렴했다. K뿐 아니라 그런 식사를 하는 대학생들이 많았고, 나도 웬만해서는 한 끼에 2500원을 넘기지 않았다.

어느 날, 그는 밥을 사달라는 후배들을 방어하지 못했다. 줄을 서 있다가 갑작스럽게 만난 서너 명에게 밥을 사주어야 했다.

후배들은 저마다 먹고 싶은 반찬 그릇을 자신의 식판에 올려놓았고, 1인당 5000원 가까이 나왔던 것으로 기억한다. 카페테리아란 원래 그런 곳이었다. K의 식판에는 밥, 국과 김치, 그리고 전에 없던 적당한 반찬 한 그릇이 더 올라가 있었다. 그는 나에게도 밥을 사주었는데 웃으며 밥을 먹고 나오다가 "아, 미치겠네…" 조용히 탄식을 내뱉었다. 지금에 와서 그 반찬 한 그릇이 더 올라간 것이 어떤 의미였을지 상상해보면, 나는 그만 우울해지고 만다.

학과에서 가장 인기가 많은 사람은 학생회장이나 학교홍보 모델이 아니라 교내 편의점에서 일하는 Y였다. 그는 야간 아르바이트를 하고 1교시 전공 수업에 들어오면서 큰 비닐봉지에 삼각김밥 수십 개를 담아 오곤 했다. 모두 유통기한이 지나 매장에서 폐기된 것들이었다. 쉬는 시간이면 그는 그것을 봉지째로 교탁에 가져다 놓았고, 그러면 정말이지 모두가 거기 모여들어 김밥을 한두 개씩 챙겨 먹었다.

어느 후배는 나에게 5000원과 햇반으로 하루 세끼를 해결하는 방법을 알려주기도 했다. 학교 앞 식당에서 '닭갈비치즈제육삼겹살섞어덮밥'을 배달시켜서, 거기에 햇반 하나를 넣고 비벼 절반만 점심식사로 먹으라는 것이다. 그리고 나머지 절반을 저녁식사로 먹고, 다음 날 아침에는 따라 온 반찬과 국을 전자레인지에 돌려서 햇반과 먹으면 된다고 했다. 맵고 자극적인 맛, 특히 닭갈비, 치즈와 삼겹살을 섞어 만든 음식이니까 가능했을 것이다. 그러던 그는 언젠가 "옛날엔 괜찮았는데, 이상하게 요즘은 학교 앞 음식을 먹을 때마다 머리가 따갑다고 해야 하나, 몸에 잘 안 받는 것 같아요" 하고 말했다. 어쩌면 그렇게 건강과 저렴한 식사를 맞바꿀 수 있는 것도 청년기에나 가능한 일이겠다. 나도, 그들도, 거기에 있던 모두가 사실 다른 모습을 한 K였던 셈이다.

『청년 흙밥 보고서』에는 당신이 그간 만나온 여러 K의 모습이, 어쩌면 당신의 어제와 오늘이 담겨 있다. 친구의 식판을 받아 리필해 밥을 먹는, 컵밥을 먹는, 밥버거를 먹는, 아니면 식사권을 포기하는 K들이 등장한다. 누군가는 여기에 나온 사례들이 다소 극단적이라고 불편해할지도 모르겠다. 그러나 누가 흙이 더 또는 덜 섞인 밥을 먹는가 구분하기 위해 주변을 둘러보는 것은 별로 의미가 없을지 모른다. 주거 문제를 비롯해 N포 세대라고 불릴 만큼 생애주기의 여러 목표를 포기하기에 이른 이 시대 청년의 모든 문제는 결국 흙밥으로 귀결될 수밖에 없기 때문이다. '흙밥'은 청년의 가난을 상징하는 동시에, 식사비용을 줄이는 것 외에는 별다른 자기 보존 방법이 없는 모두에게 닿는 단어다. 저렴하지만 맛있고, 적당히 품위를 지킬 수 있을 만한 음식을 선사하는 〈골목식당〉이나 〈집밥 백 선생〉과 같은 프로그램의 성공의 이면에는 저렴하지만 품위 있는 음식을 먹고 싶다는 욕망이 함께하고 있다.

대학원생이던 30대 초반의 나는 학생식당에서 가장 저렴한 메뉴를 고르거나, 아니면 삼각김밥이나 컵라면을 자주 먹었다. 교직원식당에 가거나 교수들이 자주 가는 백반집에 가면 조금 나은 식사를 할 수는 있었지만 그렇게 한 일은 거의 없다.

이는 지갑에 돈이 있는가 없는가, 카드대금이 연체되었는가 안 되었는가, 하는 간단한 문제가 아니었다. 현재의 상황이 미래에도 별로 나아지지 않으리라는 확신이 드는 순간, 사람은 아주 작아지고 만다. 특히 자신을 위한 비용을 지출할 염치 역시 없어지게 되는 것이다. 어떤 음식을 먹다가 '내가 지금 이런 걸 먹어도 되나' 하고 우울해지는 경험이 누구에게나 있을 텐데, 그러한 감정이 단순히 '특' 순대국밥이라거나 '스페셜' 오늘의 정식과 같이 1000원을 더 내면 그만인 데서 찾아오는 것은 정말이지 슬픈 일이다. 내가 쓴 『대리사회』가 그럭저럭 베스트셀러 순위에 올랐을 때, 어머니는 나에게 "아버지가 이제는 순대국밥 특을 드신대. 네가 대학원생일 때는 너에게 미안해서 그냥 일반 순대국밥을 드셨다고 하더라고"라고 말씀하셨다. 그때 나는 나만 흙밥을 먹어온 것이 아님을 알았다.

청년을 둘러싼 문제가 나아질 때마다, 정확히는 청년들이 자신의 미래를 기대하게 될 때마다 그들의 밥에 섞인 흙도 조금씩 줄어들 것이다. 그들이 가장 먼저 줄여나간 것이 식비였듯이, 자신들의 처지가 나아질수록 가장 먼저 회복해나갈 것 역시 '밥'이다. 이 책에서 읽은 청년수당을 받은 취업준비생의 인터뷰가 무척 인상적이었다. "그래도 밥버거 대신 뼈해장국을 한 번 더 챙겨 먹게 됐어요. 제일 먹고 싶은 건 아니더라도 '이 정도는 먹으면 좋겠다' 하는 것들을 먹을 수 있게 되는 거예요." 이렇게 이 시대의 청년이 무엇을 먹고 있는가 고민하는 일은 우리 사회의 지금을 가장 잘 말해줄 것이다.

김민섭, 『나는 지방대 시간강사다』『대리사회』 저자

프롤로그 천 명의 청년, 만 끼의 흙밥

"배고프셔서 어떡해요."

그녀는 내 두피를 박박 문지르며 말했다. 숱 많고 억센 곱슬머리 탓에 한 번 갈 때마다 다섯 시간은 앉아 있을 각오를 하고 미용실에 간다. 파마약, 염색약, 트리트먼트 영양제를 발랐다가 고데기를 말았다가 중화제를 뿌렸다가 하며 머리 감기를 네댓 번 반복하다 보면 허리가 뻐근해지고 엉덩이가 저려온다. 그날도 미용실 가운을 입을 때 오전 11시를 가리키던 시계 바늘이 어느새 오후 3시를 넘기고 있었다. 머리를 감겨주던 미용실 직원은 손님의 점심을 걱정해주고 있었다.

"아… 괜찮아요. 끝나고 먹으면 돼요." 실제로 머리를 다 한 뒤 늦은 점심을 거하게 먹을 생각이었다. 이번에는 내가 물었다. "선생님은요?" 그녀도 밥을 굶기는 매한가지였다. 나는 가만히 앉아나 있지, 그녀는 굽 높은 구두를 신고 돌아다니며 일하는 내내 아무것도 먹지 않았다. '선생님'이라 부르긴 했지만, 직원 수만 스무 명에 달해 보이는 대형 프랜차이즈 미용실에서 그녀는 가장 낮은 견습생으로 보였다. 선배 디자이너가 시키는 대로 손님 머리를 감기고 드라이어로 말리고 빗자루로 바닥을 쓸었다. 내가 들어왔을 때 이미 미용실에는 손님이 많았고 내 머리 손질이 끝나가는 시간에도 계속 새 손님이 들어오고 있었다. 그녀가 밥을 먹을 수 있는 시간은 앞으로도 없어 보였다.

하지만 그녀는 활짝 웃으며 대답했다. "괜찮아요, 이제 완전 적응됐어요." 가끔 손님이 적은 날엔 밖에 나가서 밥을 사 먹거나 디자이너 언니들이 싸 온 도시락을 얻어먹기도 한다고, 하지만 대개는 마땅히 짬이 없어 그냥 굶는다고, 처음엔 다이어트도 되고 좋다고 생각했는데 결국 밤에 폭식하게 된다며, 살을 빼야 하는데 10시 퇴근 후 집에서 끓여 먹는 라면 맛은 왜 이렇게 꿀맛이냐고, 그녀는 쾌활하게 종알거렸다.

짙은 화장에 가려진 얼굴은 스무 살 남짓 앳되었다. 그 미용실의 콘셉트 컬러에 맞춘 타이트한 옷을 입고 생글생글 웃는 그녀는, 하지만 확실히 배가 고팠다. 손님이 마시고 간 커피 잔을 치우며 옆에 놓인 작은 쿠키를 황급히 입에 집어넣는 장면을 나는 보고야 말았다.

얼마 전 신문에서 본 구의역 스크린도어 사고 희생자의 가방 속 컵라면 사진이 겹쳐졌다. 휴대폰을 들어 취재 아이템을 기록하는 메모 앱을 열었다. 착잡한 마음으로 적었다. "'노동자의 점심' 혹은 '젊은이의 밥'".

그로부터 몇 달 뒤, 재밌는 글이라며 지인이 인터넷 링크 주소를 하나 보내줬다. 2017년 1월 15일 커뮤니티 사이트에 올라온 게시물이었다. 글쓴이는 생라면에 케첩 발라 먹고 건빵에 간장 찍어 먹은 자신의 경험을 이야기하며 사람들에게 물었다. "지금까지 먹었던 음식 중에 정말 흙수저 같았던 음식은 뭐예요?"

200개 넘는 댓글이 달려 있었다. "밥 한 숟가락에 굵은소금 한 개씩 넣어 먹은 거요." "물에 카레 가루만 풀어서 끓여 마셔본 적 있네요." "자취할 때 물 끓여서 다시다만 넣어 먹은 적 있어요." "자취 대학생인데, 아리수 먹고 3일 굶은 거요." 이 정도는 양반이었다.

학교식당에서 라면에 말아 먹으라고 파는 500원짜리 공깃밥에 스낵코너에 비치된 단무지 몇 개를 반찬 삼아 구석에서 '찌그러져' 먹었다는 대학생, 밥과 쌈장, 올리브 통조림만으로 한 달을 버텼다는 고시생, 폐기하려고 내놓은 삼각김밥 세 개를 갖고 와 냉동실에 얼려뒀다가 너무 배가 고파서 녹이지도 않은 채 부숴 먹었다는 전직 편의점 아르바이트생, 일하던 한식당에서 손님이 남기고 간 육회가 꿀맛이어서 슬펐다는 유학생, 웨딩홀 혼주 음식은 질이 좋아서 먹다 남은 것도 맛나다는 웨딩홀 아르바이트생, 방값과 면접 교통비에 쪼들려 지금도 라면 수프와 고시텔 밥으로 며칠

째 연명하고 있다는 취업준비생…. 청년들은 자신이 먹는 밥을 흙수저들의 밥, 줄여서 '흙밥'이라 부르고 있었다.

기자가 되어 취재를 하고 글을 쓰면서 늘 어려운 것은 사안의 보편성과 특수성을 따지는 일이었다. 무엇이 취재 아이템이 될 보편적인 사회문제고 무엇이 그냥 흘려보내도 될 특수한 사례에 불과한 것인지, 그 판단은 오롯이 기자의 인식과 감수성에 달려 있는 듯 보였다. "일기는 일기장에" 같은 댓글 폭탄을 받지 않으려고 늘 내가 보고 듣고 겪은 일이 특수한 일부 사례는 아닌지 스스로에게 따져 물어왔다.

하나씩 메모 앱에 쌓이는 '청년 흙밥' 사례들에도 큰 자신감이 없었다. 몇몇 젊은이의 과장 섞인 이야기겠지, 설마 이 정도일 리가…. 아이폰을 들고 스타벅스 커피를 마시는 '단군 이래 최대 풍족한 세대'라 하지 않는가. 젊을 때 한두 끼 거르는 일이 뭐 대수인가, 다들 그렇게 살아왔지 않은가….

이런 반론들로 청년 흙밥 취재 아이템을 검열하면서도 내내 마음에 걸리는 것은 그들의 얼굴 표정이었다. 배고프지 않다면서 손님이 남긴 쿠키 조각을 남몰래 입에 밀어 넣던 미용실 견습생은 웃으면서도 조금은 겸연쩍은 표정으로 자신의 밥 굶는 이야기를 손님에게 해줬다. 흙밥 경험담을 나누는 인터넷 댓글에도 'ㅋㅋ'와 '^^;;' 그리고 'ㅠㅠ'가 뒤섞여 있었다. 기자가 된 뒤 청년 빈곤과 관련된 취재를 할 때마다 무수히 보았던 얼굴들이 떠올랐다. "괜찮다"고 말하는 그 표정들. 담담하고 경쾌하게 전혀 괜찮지 않은 이야기를 전하는 그 낯들. 지나간 추억을 방송하는 라디오 사연처럼 킬킬대고 흐흐대지만 바로 지금 겪고 있는 고통과 절망을 스스로 잘 알고 있는 젊은이들의 얼굴. 그 '보편적인' 얼굴의 기원을 찾고 싶다는 생각을 하며 청년 흙밥 취재에 들어갔다. 이 책은 그 가슴 아픈 보고서다.

차례

추천의 말 — 김민섭
똑같이 가난한 식탁을 마주하고 있는 나와 당신의 이야기 5

프롤로그
천 명의 청년, 만 끼의 흙밥 11

청년들은 '식사권'을 잃었다. 아니, 빼앗겼다

굶고 때우고 견디는 청년 25
굶어서 아프고, 아파서 서러운 청춘 39
조류독감에 걸리기 전부터 이미 병든 닭처럼 50
"돌도 씹어 먹을 나이? 밥상을 뒤엎어라" 54
흙밥 가고 금밥 오라 63
가난하면 밥 굶는 게 당연한가요? 66
"밥은 먹고 다니니?" 71

21세기형 쪽방에 저당 잡힌 청춘

"당신의 꿈 어느 방에 두고 왔나요?" 83
방방 뛰는 방세에 눈물이 방울방울 85
이 방에서 벗어나려 이 방에 산다 91
'방'을 둘러싼 20대의 번민 95
"내 방 얘기 한번 들어볼래?" 99
기숙사에 사는 당신, 주거 인권은 안녕한가요? 106
정말로 기숙사에 규제가 필요한가 117

앞날을 헤아릴 수 없는 삶

목숨을 끊거나 강도짓을 하거나 127
유모차보다 먼저 휠체어를 미는 세대 132
나는 걷는다, 돈이 없어서 142
가난하다고 해서 사랑을 모르겠…다 149
연애 못 하는 이유, 대안은 결국 고용 155

좁은 취업문, 비정규직, 열정페이

'로켓배송'은 어떻게 가능할까 163
서른 즈음에… 또 취업이 멀어져간다 172
괜찮다고 말하지 말 것 179
청년의 것은 청년에게 182

지방에서도 다른 세계를 꿈꿔야

소멸 위기에 빠진 '나의 살던 고향' 191
지방 청년으로 산다는 것 그리고 꿈꾼다는 것 202
"우리는 지방에 '남'지 않고 '살'고 있다" 214
지방 청년들의 '성찰적 겸연쩍음'과 '습속' 225
지방대생의 '문제적 삶'을 말하다 232
지방 청년들의 말말말 241

청년수당이라는 대안

청년수당 받으면 밥 먹을 수 있다 251
"라면에 달걀을 넣을 수 있게 됐다" 254
청년수당 150일 실험, 결과를 공개합니다 265
청년수당의 빛나는 성적표 274
"청년은 생계 취약계층이다" 287
청년수당, 꿈을 위한 하루 3시간 290
"당신이 대통령이라면 청년을 위해 무엇을 할 것인가?" 293
눈칫밥 안 먹는 프랑스 청년 299

에필로그

흙수저 밥에서 흙 수확 밥으로 305

청년들은 '식사권'을 잃었다. 아니, 빼앗겼다

가끔 새벽에 일을 마치고 집으로 돌아갈 때면 늘 마주치는 풍경이 있었다. 길게 늘어선 청장년 남성들의 줄. 봉고차가 수시로 그 앞에 섰다가 떠나는 걸로 보아 인력 대기소에서 일감을 얻기 위해 모인 사람들 행렬 같았다. 배낭을 메고 모자를 푹 눌러 쓴, 엇비슷한 행색의 이 남성들은 주머니에 손을 찔러 넣고 고개를 숙인 채 줄을 따라 착실히 움직였다.

눈이 오지 않았는데도 땅이 허옇게 얼 정도로 추운 어느 날 새벽이었다. 그날도 택시를 타고 같은 길로 퇴근하고 있었다. 택시 기사가 그 풍경을 보더니 혀를 찼다. "으이구, 저 새파랗게 젊은 것들이 밥 한번 얻어먹겠다고, 쯧쯧." 무슨 말인가 싶어 "밥이요?" 하고 물었다. "저것들 저거, 공짜로 밥 얻어먹겠다고 줄 선 것들 아냐." 택시 기사는 그 행렬이 무료급식소로 이어진 줄이라고 설명했다. 일하기 위해 줄 선 이들 아니냐고 슬쩍 얘기했으나 기사는 귀담아듣지 않았다. 괜한 논쟁을 이어가기 싫어서 나는 입을 다물었다. 기사는 운전하는 내내 대답 없는 손님에게 떠들어댔다. "아무튼 요새 젊은것들은 아주 문제예요. 무조건 복지 복지 하면서 얻어먹을 생각만 하잖아."

청년들의 흙밥을 취재하며 그 택시 기사가 떠올랐다. 밥을 제대로 먹지 못하는 청년들을 사회가 함께 고민하자는 이야기에 그는 "하여튼 젊은것들이 일할 생각은 안 하고…"라며 또 핏대를 올릴 것이다. 그만이 아니다. 실제 흙밥 먹는 청년들은 어른들에게 숱하게 들었단다. "밥 한 끼 굶는다고 죽냐?" 그리고 더 슬픈 것은, 이 말을 청년들 스스로 내면화했다는 사실이다. '나는 취직하지 못했으니 밥을 걸러도 돼' '나는 성공하지 못했으니 맛있는 걸 마음 편히 먹을 자격이 없어'….

젊음이 더 이상 특권이 아닌 '착취의 명분'이 돼버린 우리 사회에서 흙수저 청년들의 밥상을 꼭 한번 조명해보고 싶었다. 성공과 미래를 위한 '임시 정거장'으로서가 아니라 지금 그대로도 충분히 빛나고 가치 있는 삶을 영위해야 할 청춘들에게 말하고 싶었다. 그대들은 충분히 먹을 자격이 있다고, 그걸 빼앗은 사회에서 다시 돌려받을 방법을 궁리해보자고.

상상 속에서 그 택시 기사에게 이렇게 대꾸한다. "그래요. 저 행렬이 무료급식 줄이라고 칩시다. 그런데 말입니다, 아무리 새파랗게 젊은것들이라 해도 밥은 먹어야 일을 할 거 아닙니까?"

굶고 때우고
견디는 청년

동서고금 젊은이들은 늘 끼니를 '때우며' 살았다. 물론 배고픈 이들은 청년 말고도 많다. 하지만 오늘날 한국 청년들이 먹는 흙밥에는 몇 가지 특수한 요인들이 있다. 고비용 대학 교육, 취약한 노동(아르바이트) 환경, 길어진 취업준비 기간, 열악한 주거 여건 등이다. 이 모든 조건 속에서 청년들은 제대로 밥을 챙겨 먹기 위해 필요한 돈과 시간과 심리적 여유, 이른바 '식사권'을 잃었다. 아니, 정확히는 빼앗겼다.

우리들의
배고픈 '우골탑'

대학생 배현진 씨(23)는 일주일에 한 번 폐점 시간에 맞춰 동네 대형마트에 갔다. 유통기한이 임박해 할인 스티커가 붙은 삼각김밥 대여섯 개를 장바구니에 담았다. 집에 와서 냉동실에 얼려놓고 매일 아침 하나씩 가방에 넣고 나갔다. 점심때가 되면 학교 벤치에 혼자 앉아 차갑긴 하지만 먹을 만하게 녹은 삼각김밥을 입에 넣고 우물거렸다. 현진 씨는 이렇게 대학 생활 4년의 점심을 때웠다.

한양대 졸업생 이호영 씨(27)는 다른 학교를 다니는 친구 A에게 충격적인 이야기를 들었다. A가 형편이 어려운 친구 B의 매일 한 끼 식사를 도와준다는 것이었다. A가 학교식당에서 밥을 먹을 때면 친구 B가 옆에서 기다렸다가 A가 비운 식판을 갖고 배식대로 가서 밥과 반찬을 리필받아 먹는다고 했다. 그나마 리필이 되는 국립대이기에 가능한 일이라고 호영 씨는 덧붙였다.

B처럼 밥 한 끼 마음 편히 먹지 못하는 친구들이 실제로 대학 내에 많다는 사실을, 호영 씨는 2014년 2월 '십시일밥'*이라는 대학 내 봉사단체 활동을 시작하면서 절감했다. 십시일밥은 대학생들이 공강 시간에 학교식당에서 봉사활동의 대가로 받은 식권

* http://tenspoon.org

을 식사 문제로 어려움을 겪는 친구들에게 나눠주는 활동을 벌여온 비영리 민간단체다. 일시적인 봉사활동으로 꾸린 이 단체가 3년 사이 전국 29개 대학으로까지 확산될 줄 호영 씨는 예상하지 못했다. '자존심 센 대학생들이 과연 식권을 신청할까' 반신반의했지만 수요는 넘쳐났다. 2017년 3월까지 1900여 명에 이르는 밥 못 먹는 대학생들이 십시일밥에 식권을 요청했다.

대학 캠퍼스에서 대놓고 '나 밥 제대로 못 먹는다'며 공개하는 학생은 없다. 다만 짐작할 뿐이다. 학교식당의 식권 판매창구에 오랫동안 앉아 있었던 호영 씨는 말했다. "스낵코너에서 라면하고 밥을 사면 1800원이에요. 별미로 먹는 학생들이 물론 많죠. 그런데 매일매일 한 학기 내내 그것만 먹는 학생도 봤어요. 절대, 좋아서 먹을 리가 없잖아요. 이런 일들 학내에서도 잘 알려지지 않았고 밖에서는 더더욱 모르죠."

대학생은 더 이상 특권층이 아니다. 한때 엘리트 교육의 장이라 불렸던 고등교육기관에 다니고 있을 뿐이다. 오히려 그 신분을 유지하려 지출하는 비용 때문에, 대학생은 특권층이 되기는커녕 밥도 제대로 먹지 못하는 빈곤층 신분에 가까워진다. 이에 가장 큰 기여를 하는 것이 한 해 최고 999만 원(2016년 명지대, 입학금 포함)에 육박하는 대학 등록금이다. 연세대 988만 원, 중앙대(제2캠퍼스) 955만 원, 이화여대 942만 원 등 우리나라 대학 등록금은 가히 세계 2위(사립대 기준, 「2015 OECD 교육지표 조사」 결과)를 찍을 만큼 최고 수준이다.*

한 해 1000만 원씩을 턱턱 내줄 수 있는 부모를 만나지 못한 청년들은 대학생이 되기 위해 빚을 질 수밖에 없다. 대학알리미의 「학자금 대출 현황」 통계에 따르면, 2016년 전국 대학생·대학원생 24만8796명이 7861억5700만 원에 이르는 정부 학자금 대출을 받았다. 민간 금융기관에서 받은 학자금 대출금을 더하면 그 수치는 훨씬 더 커진다.

공부하기 위해 빚진 청년들은 결국 굶는다. 부채 세대 연구서 『우리는 왜 공부할수록 가난해지는가』(천주희 지음, 사이행성 펴냄, 2016)에 등장한 대학생 서현민 씨(25)는 군 제대 후 복학하며 학자금 대출을 받았다. 더 이상의 학자금 대출을 받지 않기 위해 장학금을 타야만 했고, 장학금을 타기 위해서는 공부를 열심히 해야 했다. 공부하느라 바쁜 그에게 밥 먹는 시간이 너무 아깝다. 일단 나가야 하고, 기다려야 하며, 먹어야 하고, 다시 도서관으로 올라가야 하는데… 너무 많은 시간이 든다. 그래서 현민 씨는 아침 8시 30분부터 저녁 8시까지 커피만 마시며 밥을 굶는다.

대학원에 들어가 연구자가 되는 게 꿈인 하인찬 씨(28)는 등록금에 이어 생활비 대출도 받았다. 인찬 씨 말에 따르면 등록금

* 「2016년 OECD 교육지표」를 살펴보면, 우리나라 등록금 사정은 2015년에 비해 다소 완화됐다. 사립대는 미국, 호주, 일본에 이어 4위를, 국공립대는 미국, 칠레, 일본, 캐나다, 호주 다음으로 6위를 기록했다. 정부의 대학 등록금 동결, 인하 기조에 따른 결과다. 하지만 실제 대학생들이 체감하는 교육비의 수준을 가늠할 수 있는 학생 1인당 공교육비 지출액은 여전히 OECD 평균의 60퍼센트에 미치지 못한다.

비용이 분명 크긴 하지만 당장 식생활을 위협할 만큼 큰 변수는 아니다. 아직은 이자도 안 나오기 때문이다. 그가 돈을 벌게 되는 순간부터 꼬박꼬박 갚게 될 이자와 원금은, 어쨌거나 미래로 유예해놓은 부담이다. 하지만 생활비는 다르다. 빚을 내 등록한 대학을 다니려면 또 빚이 필요하다. 자취방 월세를 내야 하고 버스 카드를 충전해야 하며 이발도 해야 하고 인터넷 요금을 내야, 리포트를 쓰고 조별 과제에 참여할 수 있다.

아르바이트로 근근이 생활비를 벌다가 빨리 졸업하고 싶은 마음에, 한번은 저축은행에서 생활비 대출을 받아 학업에만 전념해봤다. 잘못된 선택이었다. 연체가 반복되고 이자가 쌓였다. '기한이익 상실 예정 통지서'라는 경고장이 수차례 날아왔다. 연구자는커녕 신용불량자가 될 뻔했다. 이 기간 동안 가장 먼저 포기한 게 밥이었다. 이발을 미뤄 매력을 좀 떨어뜨리거나, 치약과 비누를 아껴 쓰거나, 목적지까지 버스를 타는 대신 걸어가는 것보다 편의점에서 먹고 싶은 냉동피자를 포기하는 게 가장 손쉽고 빠르게 느껴졌다. 인찬 씨는 말했다. "지금 제 상황에서는 제로섬 게임에서 오는 압박감이 식사 때 저를 더 불안하게 하는 가장 큰 원인 같아요. 행복하고 아무 걱정 없는 식사를 해본 기억이 별로 없어서…."

사람이 일을 하려면 밥을 먹어야 하는데…

흙밥을 먹기 싫으면 일을 해서 돈을 벌면 된다. 그래서 많은 청년들이 아르바이트를 한다. 그런데 희한하게도, 밥을 먹기 위해 아르바이트를 하는데, 아르바이트를 하면서는 도무지 제대로 밥을 먹을 수가 없다.

휴학생 김원진 씨(22)는 매일 아침 6시 30분부터 오후 1시까지 서울 시내 한 카페에서 아르바이트를 하면서 아침과 점심, 매일 두 끼를 걸렀다. 사장은 카페에서 키우던 개에게는 수시로 치킨과 소시지 등 간식거리를 챙겨주었지만, 아르바이트생들에게는 빈말이라도 밥 먹고 왔냐고 물어보지 않았다. 임금이 지급되지 않는 수습 기간 15일 동안 가게 앞 주먹밥 집에서 2000원짜리 주먹밥을 먹을 수 있게 해준다던 사장은, 다른 아르바이트생이 주먹밥 먹는 모습을 보고 "저게 밥값까지 나가게 하네"라고 중얼거렸다. 원진 씨는 눈치가 보여 배가 고파도 주먹밥을 먹지 않았다.

오후 1시에 카페 일이 끝나도 그에게는 또 다른 아르바이트가 기다리고 있다. 오후 4시부터 밤 10시까지 이어지는 학원 보조교사 일이다. 두 아르바이트 사이 시간에 모자란 잠을 보충하다 보면 하루 중 유일한 식사 기회(점심 겸 저녁)도 놓치기 일쑤였다. 그럴 때면 편의점에 들러 허겁지겁 삼각김밥을 사 먹었다.

아르바이트 노동조합인 '알바연대/알바노조'에 접수된 사례들 중에는 원진 씨처럼 식사권을 빼앗긴 아르바이트 노동자들의 경험담이 차고 넘친다. 어느 프랜차이즈 스테이크 식당 아르바이트생은 오전 11시부터 오후 3시까지의 근무를 끝낸 뒤 주어지는 식사시간 30분 동안에도 손님을 맞고 계산을 하느라 밥을 먹지 못했다. 그 시간에는 분명 임금이 지급되지 않는데도 말이다. 사장은 아르바이트생의 '무급' 식사시간 30분 동안 다른 아르바이트생을 고용하지 않았다.

한 프랜차이즈 빵집 아르바이트생은 폐기 처분된 빵을 근무 중 식사로 늘 제공받았다. 어느 날 그와 동료 아르바이트생들은 실수로 폐기 처분이 아닌 제품 1만 원어치를 나눠 먹었다. 사장은 빵을 훔쳤다고 노발대발하며 경찰을 불렀다. 그 아르바이트생은 즉결심판으로 벌금 5만 원을 선고받았다.

'일 시킬 때는 가족이고 밥 먹을 때는 남'인 고용주 밑에서 아르바이트를 많이 해봤다는 취업준비생 신승훈 씨(29)는 밥 못 먹는 알바생이 많은 현실에 대해 이렇게 말했다. "사회가 '너희들이 밥을 먹든 말든, 생존하든 말든 알 바 아니다. 우리는 돈 주고 노동력을 구매했고 최대한 뽕을 뽑으면 그만이다' 하는 마인드로 가득 차 있는 것 같다. 그런데 사람이 일을 하려면 밥을 먹어야 하는 거 아닌가?"

길어진 취업준비 기간만큼
늘어난 '흙끼니'

청년들이 생각하는 지속 가능한 흙밥 탈출구는 '정규직 취업'이다. 매일 3000~4000원짜리 편의점 도시락으로 끼니를 때운다는 취업준비생 송유민 씨(28)는 "정규직으로 취업한 친구들을 보면 그나마 먹는 게 확 나아지더라. 나도 어떻게든 빨리 취업해서 점심때 맛있는 중국집도 가고 저녁 회식 때 고기도 구워 먹어야겠다는 일념으로 버티고 있다"고 말했다.

하지만 청년 백수의 고진감래는 쉽게 실현되지 않는다. 2017년 2월 13일 서울연구원이 발표한 「서울시 청년들의 취업과 창업」 자료에 따르면 서울시에 거주하는 18~29세 청년 취업 경험자 가운데 정규직 일자리를 가져본 적이 있는 사람은 단 7퍼센트에 그쳤다. 2017년 서울시 일반행정 9급 공무원 시험의 경쟁률은 99.9대 1에 달했다. '점심으로 중국집, 저녁으로 삼겹살 회식'이 가능할 정도의 일자리 문을 뚫지 못한, 이른바 '취업 N수생'들은 서울 노량진 등지에 점점 많이 또 오랫동안 누적되고 있다.

길어진 준비 기간에도 하루 삼시 세끼는 꼬박꼬박 찾아온다. "취직을 했든 안 했든 20대 후반쯤 되면 부모한테 더 이상 손을 벌리면 안 되잖나. 그러니 식비라도 줄여서 버티려고 한다"고 공무원 시험 준비생 강선혜 씨(27)는 말했다. 선혜 씨는 한 달 식비를 20만 원으로 제한했다. 선혜 씨는 올해 시험에 합격하지 못했을 때 식비 대책에 대해선 답하지 못했다. "그땐 다시 아르바이트를 하든지 해야죠, 뭐." 선혜 씨는 시험공부에 집중하기 위해 지난해 아르바이트를 중단했다.

가난하다고 왜 모르겠는가, '집밥'의 소중함을

흙밥에 질렸다는 자취 대학생 정시원 씨(25)는 오랜 기간 궁리한 끝에 저비용과 건강 두 측면을 모두 살릴 방법을 찾아냈다. 식재료를 구입해 무조건 집에서 조리해 먹는 것이다. "마트에서 저렴한 제품 위주로 쌀, 달걀, 두부 등을 구입하니 열흘에 4만 원, 한 달 12만 원이면 식비가 해결됐다. 편의점이나 학교식당에서 사 먹는 것보다도 훨씬 적게 들더라."

다만 조건이 있다. 아무리 바빠도 점심시간에는 무조건 학교에서 집으로 돌아와 조리를 해야 하고, 음식물 쓰레기가 거의 나오지 않도록 식재료를 써야 한다. 시원 씨는 자신이 주변 친구들에 비해 여건이 좋은 편이라고 말했다. "조리하고 식재료를 관리하는 데 매우 많은 시간과 에너지가 들어간다. 이게 가능하려면 일단 집이 아주 가까워야 하고, 조리가 가능한 주방도 있어야 하며, 알바를 하지 않는 시간도 확보돼야 하는데 주변 많은 친구들의 상황이 그렇지 못하다."

조리가 용이한 환경에서 사는 청년은 그리 많지 않다. 2016년 청년 식생활 연구 모임 '끼다(끼니를 다함께)'*는 서울청년정책네트워크 사업으로 「청년 독립생활자 식생활 실태에 관한 조사」를 진행했다. 조사 결과에 따르면 서울시 1인 가구의 청년들은 좁고(72.9퍼센트), 환기시설이 부족하며(40.3퍼센트), 불만족스러운(56.3퍼센트) 부엌에서 혼자(65.6퍼센트), 불규칙하게(76.6퍼센트) 밥을 먹고 있다.

어떻게든 밥을 지어 먹고살려는 발버둥은 지금 청년들이 처한 주거 현실에서 가끔 치명적인 무리수가 되기도 한다. 어느 겨울, 서울 한 고시원의 전기차단기가 내려갔다. 어떤 방에서 전기를 많이 써서 과부하가 걸린 것이다. 주인 할머니가 범인을 색출해냈다. 방에 쌀 한 포대와 전기밥솥을 갖다놓고 몰래 끼니를 이어가던 고시생이 딱 걸렸다. 원래 고시원에서는 전열기나 취사도구 사용이 금지돼 있다. "추운 겨울날, 주인 할머니가 전기밥솥을 안은 고시생을 얼마나 매정하게 쫓아내던지, 보는 내가 다 안쓰러웠다"고, 그 사건을 목격한 취업준비생 승훈 씨가 말했다.

* https://www.facebook.com/ggida.lab

젊음을 저당 잡은 청년들의 빚, '흙밥'

'슬픈 전기밥솥 고시생'은 식사권을 지키려다 주거권을 잃었지만, 청년들 대부분은 어려움에 처했을 때 가장 먼저 식사권을 포기한다. 취업준비생 송유민 씨는 말했다. "수중에 돈이 떨어졌을 때 가장 줄이기 쉬운 게 식비예요. 방세는 고정되어 있고, 통신비나 사회생활비를 줄일 수도 없고…. 밥 한 끼를 굶을지언정 친구들과 모여서 놀 때에 돈 없다고 티 내긴 싫어요."

청년들은 식사권을 포기하는 데 주저하지 않는다. '젊고' '건강하다'는 자신감 때문이다. "젊어서 한두 끼 굶는다고 죽는 것도 아니잖아요." "어린이나 노인과는 달리 우리는 젊고 튼튼해서 배고픈 걸 좀 잘 견딜 수 있으니까요." 취재 과정에서 만난 흙밥 먹는 젊은이들이 식생활에 관한 이야기를 할 때 공통적으로 했던 말이다.

그런데 이는 가난한 청년들에게 또 하나의 빚이 된다. 경제교육협동조합 푸른살림 박미정 대표의 말에 따르면 청년기 흙밥은 청년기를 벗어나서도 사람을 옥죈다. "경제적으로 어려운 청년들과 재무 상담을 하다 보면 젊음과 건강을 믿고 대부분 식비를 최후 순위로 두더라. 하지만 이는 결국 훗날 의료비 지출과 지속 가능한 소득 창출의 걸림돌로 작용한다. 젊은 시절 부실한 식사로 만성질환자가 돼 돈을 벌기 힘든 사례를 정말 많이 봤다."

아르바이트 때문에 하루 두 끼를 걸렀던 휴학생 김원진 씨는 "당시 많이 어지럽고 몸이 안 좋아져 결국 오후 아르바이트까지 그만두고 쉬어야 했다"고 말했다. '강박적으로' 자취방에서 집밥을 조리해 먹는다는 대학생 정시원 씨도 동기가 있었다. "재수 시절 고시원에 살면서 편의점 바나나 한 개로 하루를 견디며 살았더니 '이렇게 살다간 죽겠다' 싶었다. 결국 공부를 그만두고 고향 집으로 요양을 가면서, 앞으로 지속 가능하게 먹고살려면 일단 지금 먹을 것부터 잘 챙겨야 한다는 걸 깨달았다."

빽다방 커피
한 잔에도 '울컥'

청년들이 밥을 가장 후순위에 둔다는 사실이 곧 그들이 먹는 문제에 초연하다는 의미는 아니다. 식사 뒤 프랜차이즈 커피점 빽다방에서 1500~2500원짜리 커피를 자주 사 마시던 어느 공시생은 도서관에서 포스트잇 쪽지 하나를 받았다. "공시생 같은데 매일 커피 사 들고 오시는 건 사치 아닐까요? 같은 수험생끼리 상대적으로 박탈감이 느껴져서요. 자제 좀 부탁드려요." 인터넷에 올라온 이 포스트잇 사진을 두고 '너무 예민하다'느니 '솔직히 그 마음이 이해된다'느니 다양한 의견들이 달렸다. 분명한 점은, 남이 먹는 커피 한 잔을 사치로 규정하고 상대적 박탈감을 느낄 만큼, 지금 젊은이들은 '먹는 문제'에 날이 서 있다는 것이다.

대학원생 유세정 씨(26)도 먹는 문제에 예민해진다고 스스로 말했다. "친구들이 밥 먹자고 할 때 항상 지갑 사정을 생각하고 머릿속으로 계산기를 두드린다. 내가 오늘 여기에 얼마 이상을 쓰면 안 되고, 만약 그걸 넘기면 뭘 포기해야 될지…. 특히 모임이 1차, 2차, 3차로 넘어갈 때마다 신경이 곤두서는데 친구들은 전혀 그렇지 않아 보일 때 많이 짜증나고 우울해진다."

"우선 '맛있는 것'을 먹기로 했다"

만화가 김보통의 자전적 산문 『아직, 불행하지 않습니다』(문학동네 펴냄, 2017)를 보면 그가 백수가 되었을 때 가장 먼저 줄인 것 역시 식비였다. 식비에 이어 이발, 옷, 영화 등을 포기했다. 그러던 어느 날 그는 팬티 바람으로 부엌에 서서 식빵에 피어난 곰팡이를 뜯어내며 '착실하게 스스로의 존엄을 바닥에 내려놓고 있는' 자신을 발견했다. 어찌해야 이 빈곤의 입구에서 벗어날 수 있을까 한참 고민하던 그는 자리에서 일어났다. 그리고 전화기를 들어 중국집에 전화를 걸었다. "우선은 맛있는 것을 먹기로 했다. 그래야 바닥에 내팽개쳐진 내 존엄을 다시 챙길 수 있을 테니까. 맛있는 것을 먹고 나면 기분이 좋아질 테니, 기분이 좋아진 상태에서 하고 싶은 '작은 일'을 하면 된다." 꼭 빚을 다 갚지 않아도, 취직하지 않아도, 성공하지 않아도 청년들은 맛있는 밥을 먹어도 된다.

아이러니하게도, 가장 먼저 버렸던 밥을, 상황이 좋아졌을 때 청년들은 또 가장 먼저 챙긴다. 『우리는 왜 공부할수록 가난해지는가』의 저자 천주희는 청년 부채 연구의 한 참여자가 학자금 대출금을 모두 갚았을 때 가장 먼저 늘린 게 식비였다며 이렇게 말했다. "이건 단순히 수입이 늘어서나 빚을 다 갚아서가 아니다. 맛있는 음식을 사 먹어도 괜찮다는 심리적 안정이 생기기 때문이다." 그리고 이는 또 모든 것의 시작이다.

2017년 3월

굶어서 아프고,
아파서 서러운 청춘

밥이 건강을 좌지우지한다는 것은 모두가 잘 알고 있는 사실이다. 규칙적으로 여러 영양소를 골고루, 천천히 먹어야 몸에 좋다는 것도 모르는 사람이 없다. 하지만 많은 청년들은 이 기본 조건을 지킬 수 없는 환경에서 살고 있었다. 스스로 몸을 갉아먹는다는 것을 알면서도 미래를 위해 현재를 포기하고 있었다. 빼앗긴 식사권은 청년 건강권도 위협했다.

서울 노량진 지역의 편의점들은 상품 진열대를 제외하고 앉아 먹을 수 있는 테이블 공간이 넓다. 이 공간은 인근에서 취업을 준비하는 수험생들의 주요 식사 장소다. 어느 날 저녁시간, 노량진역 인근 한 편의점에 놓인 테이블 일곱 개가 가득 찼다. 저녁식사를 하려는 수험생들은 삼각김밥, 왕뚜껑, 크래미, 치즈볶이, 불닭볶음면 따위를 손에 들고 각자 테이블을 하나씩 잡았다. 줄을 서서 계산하고, 또 줄을 서서 뜨거운 물을 받거나 전자레인지에 돌리고, 빈 테이블이 나올 때까지 차례를 기다렸다가 각자의 끼니거리로 저녁식사를 마치기까지, 아무도 15분을 넘기지 않았다.

흙수저 청년들의 부실한 식사 흙밥을 결정하는 요인은 메뉴, 장소, 시간이다. 첫 번째, 흙밥의 메뉴. 20~30대 청년층을 포함한 1인 가구가 혼자 식사를 할 때 가장 많이 선택하는 메뉴는 라면이다. 빵·김밥·샌드위치도 순위권을 차지했다. 1인 가구의 '혼식' 메뉴 순위는 백반, 고기류, 찌개, 해산물 요리, 중식 등인 '가족 식사' 메뉴 순위와 크게 비교된다.*

— ○ 혼자 먹을 때의 메뉴 ○ —

1순위 라면
2순위 백반
3순위 빵
4순위 김밥
5순위 샌드위치

두 번째, 흙밥의 장소. 청년들이 라면과 김밥 따위로 배를 채우는 대표적인 장소가 편의점이다. 19~34세 사이 청년은 일주일에 평균 4.2회 편의점을 방문하여 2.4회 편의점에서 끼니를 해결했다.** 물론 편의점 자체가 문제는 아니다. 편의점 음식을 먹어도 천천히, 즐겁게 먹는다면 이 또한 좋은 식사시간이 될 수 있다.

그러나 편의점 식사는 '번갯불 식사'를 상징한다. 청년들이 편

* 오유진, 「1인 가구 증가 양상 및 혼자 식사의 영양·식행태 분석」, 2016.

** 대학내일20대연구소, 「데이터클리핑-편의점」, 2018. 6.

○ 청년들이 편의점에서 끼니를 해결하는 이유 ○

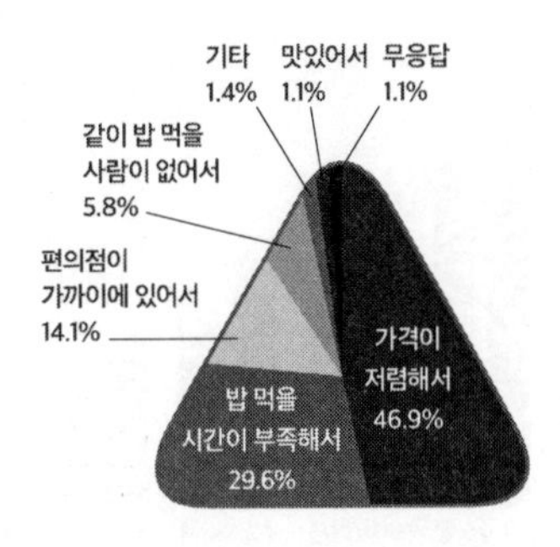

의점 식사를 하는 주요 이유가 바로 '밥 먹을 시간이 부족해서'* 다. 실제 대학가나 학원가 편의점은 식사시간에만 반짝 붐비는 경우가 많다. 노량진의 한 편의점 점주는 손님들의 식사 패턴에 대해 이렇게 말했다. "인근 수험생들이 공부하다가 쉬는 시간 10분 정도 짬을 내서 후다닥 내려오면 그때부터 정신없이 계산해줘야 돼요. 라면이나 도시락 같은 걸 주로 사서 혼자 빨리 먹고 가요. 우르르 몰려왔다가 금방 사라져요. 금방 수업이 시작되기도 하고 시간을 전략적으로 써야 되니까."

바쁜 청년들은 밥을 거르기도 일쑤다. 질병관리본부 「2016 국민건강영양조사」 결과에 따르면 전 연령대 가운데 19~29세의

* 서울시 청년명예부시장팀 '청년암행어사', 「먹을거리 실태조사」, 2011.

○ 연령별 아침식사 결식률 ○

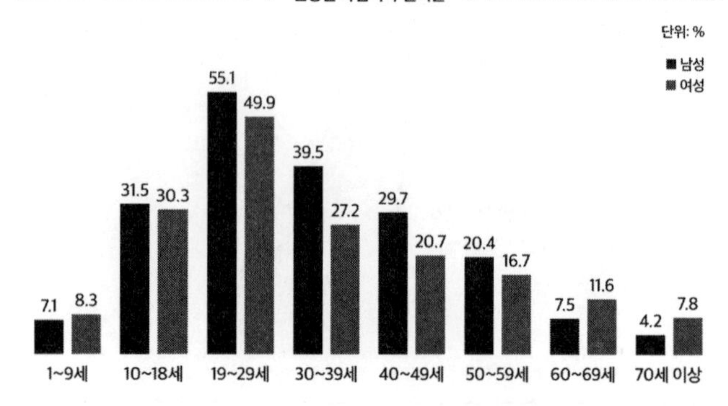

자료: 질병관리본부 「2016 국민건강영양조사」

아침식사 결식률이 가장 높았다. 20대 남녀 모두 절반 가까이(남성 55.1퍼센트, 여성 49.9퍼센트)가 아침을 굶으며 미래를 준비한다.

시간도 시간이지만, 청년들의 흙밥을 결정짓는 가장 큰 요인은 역시 돈이다. 청년들이 편의점에서 끼니를 해결하는 결정적 이유 역시 '가격이 저렴해서'다. 주머니 사정과 부실한 식사의 관계는 2017년 2월 청년유니온이 발표한 「2016 구직자 실태조사」 결과에서도 드러난다. 대학 4학년 혹은 졸업을 유예했거나 졸업 이후 취업을 준비 중인 만 29세 이하 청년 483명에게 부모의 지원 금액에 따른 항목별 생활비를 물었다. 교통비·통신비·학습공간비 등에 비해, 주거비·식비가 유독 계층별 차이가 컸다. 부모에게 한 달 90만 원 이상의 용돈을 받는 청년은 한 달 식비로 33만4000원을

쓰지만, 30만 원 미만의 용돈을 받는 청년은 20만7000원만 식비로 할당했다. 청년들이 경제적 여유가 부족할 때 가장 먼저 줄이는 지출 가운데 하나도 식비(85.0퍼센트)인 것으로 나타났다. 청년유니온은 "청년 구직자의 압도적 다수가 식비를 먼저 줄인다고 답했다는 점에서, 청년 구직자의 경제적 빈곤이 영양과 건강에 악영향을 미칠 수 있다"고 분석했다.

청년들 밥상에는 특히 과일과 채소가 부족하다. 질병관리본부의 「2016 국민건강영양조사」 결과에 따르면 19~29세 청년 가운데 과일 및 채소를 하루 500그램 이상 섭취하는 인구 비율은 23.6퍼센트로, 모든 연령대 가운데 가장 낮다. 이는 2014년 조사의 25.0퍼센트보다도 떨어진 수치다. 과일·채소는 소득수준에 따라 그 섭취 비율이 뚜렷이 차이 나기도 한다. 잘살수록 더 많이, 못살수록 더 적게 먹는다.

신선한 식재료 대신 편의점 등에서 허겁지겁 저렴한 인스턴트와 가공 음식으로 끼니를 때우는 생활은 청년들의 건강을 위태롭게 만든다. 학술논문 「비만도에 따른 대학생의 혼자 식사 및 함

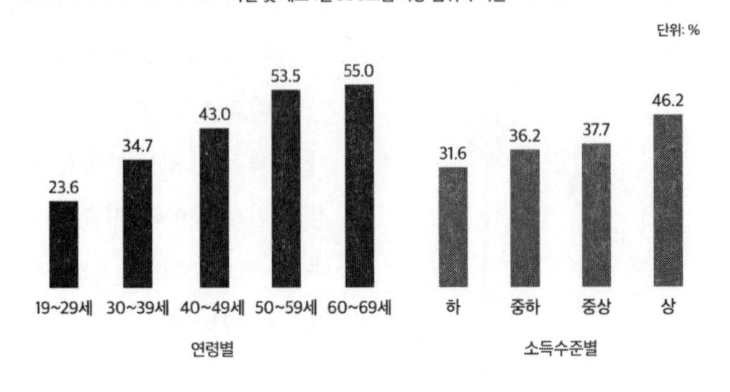

께하는 식사 시의 식행동 비교」(이영미 외, 2012)에 따르면 혼자 식사하는 20대 비만인은 정상이나 저체중군에 비해 빨리, 더 많이 먹고 배가 불러도 음식이 남으면 더 먹는다. 「한국 성인에서 식사 속도와 심혈관대사 위험요인과의 관련성」(김도훈, 2012)에 따르면 식사를 빨리 할수록 비만도와 혈중 중성지방 수치가 높은 것으로 보고된다.

굶거나 폭식하거나, 극단을 오가는 청년들의 식습관은 「2016 국민건강영양조사」 통계로도 드러난다. 에너지 섭취량이 필요 추정량의 75퍼센트 미만이면서, 칼슘, 철분, 비타민A, 리보플라빈의 섭취량이 평균 필요량 미만인 사람의 비율은 19~29세가 12~18세를 이어 두 번째로 높았다. 또한 에너지 섭취량이 필요 추정량의 125퍼센트 이상이면서, 지방 섭취량이 지방에너지 적정비율의 상

2002년 대비 2013년 초고도비만율 증가 배수

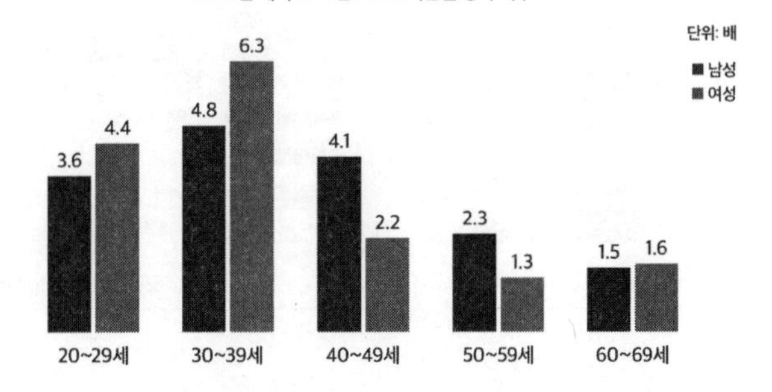

자료: 국민건강보험공단 「2014 국민건강정보 데이터베이스 분석」

한선을 초과한 비율은 전 연령대에서 가장 높았다. 대부분 청년들이 칼슘과 철분 등의 영양은 적게 섭취하고 에너지와 지방을 지나치게 많이 섭취한다는 이야기다.

비만 통계에서도 비슷한 점을 발견할 수 있다. 국민건강보험공단이 발표한 「2017 비만백서」에 따르면, '저체중'과 '초고도비만' 두 극단층 비율 모두 19~29세 구간이 가장 높았다. 특히 2002년부터 2013년까지 20~30대 청년층의 초고도비만율은 최대 6배 이상 급증했다.*

혈기왕성할 것 같은 청년들도 이제 많이 아프다. 2015년부터 전주시에서는 20대 청년들을 대상으로 청년 건강검진을 실시했는

* 국민건강보험공단, 「국민건강정보 데이터베이스 분석」, 2014.

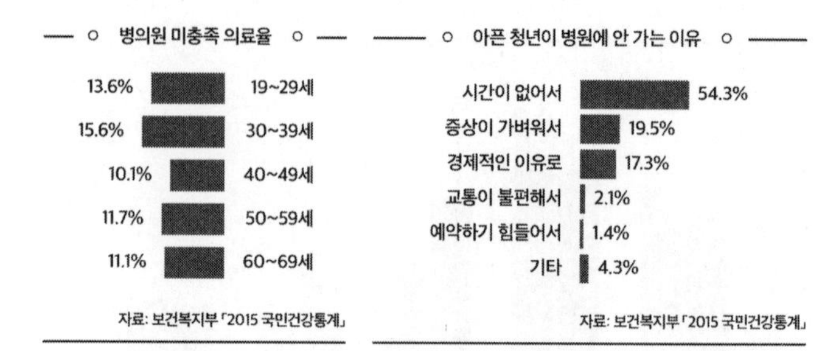

데, 검진을 받은 청년 10명 가운데 3명이 '유소견자(有所見者)' 판정을 받았다. 2016년 수검자 기준으로 '고중성지방'과 '간기능 수치 이상' 판정을 받은 청년이 수검자 가운데 10퍼센트를 넘었다. '고콜레스테롤' '신장기능 수치 이상' '요당·요단백 검출' 소견을 보인 이도 많았다.

하지만 그나마 건강검진을 받아야 이상 증상을 확인하고 치료할 수 있다. 많은 청년들은 아파도 그냥 버틴다. 연령별 '병의원 미충족 의료율'을 나타낸 표를 보자. 병의원 미충족 의료율이란, 병의원에 가고 싶을 때 가지 못하는 비율을 말한다. 보건복지부에서 발표한 「2015 국민건강통계」 결과 20대의 13.8퍼센트, 30대의 15.5퍼센트가 가고 싶을 때 병원에 가지 못했다. 다른 연령대보다 수치가 높다. 청년들은 '시간이 없어서' '증상이 가벼워서' '경제적인 이유로' 아파도 참았다.

취업준비생 박성식 씨(26)는 시험공부를 하거나 자기소개서를 쓸 때 잠을 깨기 위해 커피나 핫식스, 레드불과 같은 고카페인

음료를 많이 마셨다. 그래서인지 취업을 준비하면서부터 늘 위염과 편두통에 시달려왔다. 하지만 병원 가기를 몇 년째 미루다가 최근 견딜 수 없을 정도로 속이 아파서 내과에 갔다. 내시경 검사로 확인해보니, 위에 물집이 잔뜩 잡혀 있었다. 의사는 위에 구멍이 뚫릴 지경이니 당장 커피를 끊으라고 했다. 그러나 성식 씨는 밤새 자기소개서를 쓰며 '깨어 있기 위해' 다시 커피를 마실 수밖에 없었다. 그는 말했다. "나 말고 다른 친구들도 다 그렇게 사는데요, 뭐. 취업준비에 신경 쓸 게 많은데 건강 생각까지 하며 살 겨를이 없어요."

청년은 이제 사실상 '건강 취약계층'이다. 극심한 취업 스트레스에 시달리며 부실하게 먹고 불규칙하게 자면서, 병원에 가서 자신의 건강 상태를 체크할 시간적·심리적 여유도 잃어버렸다. 이들을 위한 건강관리가 필요한데도, 국가정책상 청년 건강은 관리 사각지대에 있다. 보건복지부는 5년마다 한 번씩 '국민건강증진종합계획'을 세워 전 국민의 건강관리 로드맵을 짠다. 특히 건강 취약계층에 관해서는 '인구집단건강관리'가 들어간다. 모성 건강, 영유아 건강, 노인 건강, 노동자 건강, 군인 건강, 학교 보건, 취약가정 건강, 장애인 건강에 관해서는 따로 세부 계획들을 세워 건강관리 취약계층을 관리하는 것이다. 하지만 여기에도 청년은 없다. 고혈압·고콜레스테롤혈증·당뇨병 등 만성 질환에 관한 국가 통계에서도 20대는 아예 빠져 있다.

특히 청년들에게는 건강검진 기회가 없다. 고등학생 때까지는 학교에서 학생 건강검진을 받거나 청소년 건강에 관한 여러 국가정책으로 관리되고, 취업한 이후로는 직장 의료검진 등으로 자신의 건강을 돌볼 수 있지만, 그 사이 기간에는 어느 누구도 건강 상태를 물어봐주지 않는다. 건강보험 지역 가입자로 국민 건강검진을 받을 수 있는 시기도 만 40세부터다. 40세 이전의 취업하지 못한 청년들은 건강검진 사각지대에 놓인 것이다. 그래서 위에서 인용한 통계들도 사실 빙산의 일각이거나 현실을 제대로 반영하지 못한 결과일 수 있다. 국가 통계에 잡힌 청년들의 식습관과 건강 상태 자체가 '취업한' 청년들이 대부분이기 때문이다.

이 문제를 인식하고 몇몇 지방자치단체는 청년들을 대상으로 한 건강검진 사업을 펼치기도 한다. 대표적인 곳이 전북 전주시다. 전주시는 2015년부터 만 19~27세 전주시 거주 청년에게 무료 건강검진을 해주는 청년 건강검진 사업을 시작했다. 검사 항목은 혈액검사 12종, 요(尿)검사 2종, 엑스레이검사 등 총 15종이다. 불안과 우울 정도를 평가해주는 정신건강 설문도 진행하고, 특히 고위험군과는 상담을 하기도 한다. 사업에 대한 반응이 좋고 대상을 더 확대해달라는 건의가 많아 2016년부터는 만 30세까지로 기준을 넓혔다. 2015년과 2016년 각각 4507명, 5129명의 전주시 청년들이 건강검진을 받기 위해 보건소를 찾았다.

전주시에 이어 전북 무주군도 2017년 청년 건강검진 사업을 시작했다. 2016년 말부터 경기도 고양시 보건소에서 시작한 '찾아가는 2030 청년 건강지킴 사업' 역시 비슷한 맥락에서 출발했다.

고양시 보건소는 바쁜 청년들을 위해 도서관, 대학교와 취업준비기관 등을 찾아 간단한 검진을 해준다. 고양시 보건소 관계자는 "식습관이 나쁘고 운동량이 적은 청년들에게 평소 건강관리의 필요성을 환기할 수 있다는 것만으로도 의미가 있다고 본다"고 말했다.

2017년 서울시복지재단은 KMI한국의학연구소와 협약을 맺고 저소득 청년 100명에게 건강검진 기회를 줬다. 검진을 신청한 김원승 씨(30)는 "만약 내 돈 내고 건강검진을 받아야 했다면 아마 서른다섯 살은 넘은 뒤에야 검진을 생각해보았을 것이다"고 말했다. 또한 부산시도 2017년 8월부터 12월까지 일부 저소득층 청년들에게 청년 건강검진 기회를 제공하는 사업을 벌였다.

일부 지자체와 민간 단체에서 시작된 이런 청년 건강에 대한 관심은 다행히 최근 국가정책으로도 반영되고 있다. 2018년 7월, 보건복지부는 실업이나 미취업으로 인해 건강보험 가입자격이 없는 피부양자나 세대원도 2019년부터 국가 건강검진 대상에 포함하기로 결정했다. 이에 따라 건강검진 사각지대에 있던 약 719만 명의 청년에게 기본적인 건강 상태를 확인할 수 있는 기회가 열릴 것이다. 뒤늦었지만 다행스러운 일이다.

2017년 4월

조류독감에 걸리기 전부터
이미 병든 닭처럼

2017년에서 2018년으로 넘어가던 겨울, 청년들에게 무료 검진을 해주는 이동식 검진 버스가 서울 노량진 학원가에 오랜 기간 서 있었다. 학원, 독서실과 고시원에서 나온 수험생들은 줄을 서서 피를 뽑고 흉부 엑스레이를 찍었다. 청년 건강검진 서비스가 본격화된 것인가? 아니다. 수험생들은 결핵 검사를 받고 있었다. 그해 겨울 노량진에서 서로 다른 학원에 다니던 수험생 두 명이 잇따라 결핵 환자로 확진된 이후 '결핵 공포'가 노량진 학원가를 휩쓸었다.

필수적으로 검사받아야 할 '접촉자'만 수천 명에 이르렀다. 다닥다닥 붙은 책상에서 같이 수업을 듣고 좁아터진 고시원에서 칸막이 하나만 사이에 두고 잠을 잤으며 같은 포장마차에서 함께 컵밥을 사 먹었을 터이니 모두가 접촉자고 위험군이었다. 수험생들은 '나도 결핵에 걸렸을까 봐' 그래서 '몸이 아프고 앓게 될까 봐'가 아니라, 당장 앞둔 중대한 시험을 망쳐 이 지긋지긋한 노량진이라는 공간에 계속 남게 될까 봐 노심초사하며 결핵 검사를 받고 있었다.

조류독감이 퍼졌을 때 닭들이 한꺼번에 폐사하는 까닭은 닭 한 마리당 A4 한 장도 안 될 만큼 좁은 공간에 갇혀 살기 때문만은 아니다. 제대로 된 햇빛 한번 쪼이지 못하고, 빨리 몸집만 키울 수 있는 고열량 GMO 사료만 먹으며, 당장 탈이 나지 않게만 하는 항생제 남용으로 본래의 면역력이 뚝 떨어져 있기 때문이기도 하다. 예전 공장식 축산의 문제점에 관해 취재할 때 한 전문가가 했던 말이 오래도록 기억에 남았다. "닭들은 원래 병들어 있었던 거죠. 조류독감 이전에도 닭들이 모두 시름시름 앓고 있었어요."

노량진에서 오랜 시간을 보낸 수험생들을 만나서 이야기를 듣다 보니 그때 그 말이 떠올랐다. 조류독감에 걸리기 전부터 이미 건강을 잃은 닭들처럼, 노량진 청년들도 오래전부터 앓았고 또 앞으로 계속 앓지 않을까 생각했다.

3년 동안 노량진에서 공무원 시험을 준비해온 한민혁 씨(31)는 매년 시험을 앞두고 3개월 동안은 오로지 편의점 음식으로만 끼니를 해결한다. 시간이 없기 때문이다. 아침에 집에서 나오면서 편의점에 들러 산 삼각김밥을, 독서실까지 걸어가는 길에 먹는다. 점심식사는 독서실에서 학원으로 가는 도중 들른 편의점의 도시락이다. 저녁도 마찬가지다. 이렇게 3개월을 보내고 났을 때 한씨는 "무엇보다, 다 떠나서… 매우 우울해진다"고 말했다. 민혁 씨를 우울하게 만드는 것은 꼭 편의점 음식만이 아니다. 조금 사치를 부려볼까 싶어 찾아간 고시촌 한식 뷔페에서 하루에 한 번은 바퀴벌레나 철수세미 조각 따위를 발견했다.

학원과 독서실에서 숱한 수험생들과 부대끼지만 모두가 외로운 섬이다. 다른 이 또한 나처럼 바쁠 것이라 생각해 괜한 감정 에너지를 소모하는 관계 맺기도 포기했다. 또 다른 공시생 황민규 씨(31)는 혹시 무슨 일이 있을까 봐 가족과도 일부러 연락을 피한다. 아버지가 수술한 뒤 지금도 병원에 입원해 계시지만 자세한 소식을 알고 나면 심란해져서 공부에 방해될까 봐 먼저 전화를 해보지 않는다.

이런 환경 속 청년들의 정신건강이 좋을 리 없다. 서울 동작구는 2011~2015년 연 1~2회 노량진 수험생들을 대상으로 정신건강 선별검사를 실시해왔다. 수검자 870명 가운데 54퍼센트가 정신건강 위험군으로 분류됐다. 동작구가 실시한 「수험생 실태조사」에 따르면 수험생 80퍼센트가 불안·무기력 등 정서적 어려움을 겪는 것으로 나타났다.

정신건강 문제는 노량진 수험생뿐 아니라 청년 전반에서 심각하다. 「2016 국민건강영양조사」 결과에 따르면 평소 일상생활 중에 스트레스를 '대단히 많이' 또는 '많이' 느끼는 사람의 비율, 즉 '스트레스 인지율'이 가장 높은 연령대가 20~30대 청년이다. 20대 여성과 30대 남성이 특히 높다.

물론 공시생들이 부실한 식사나 외로움 때문에 우울한 것도

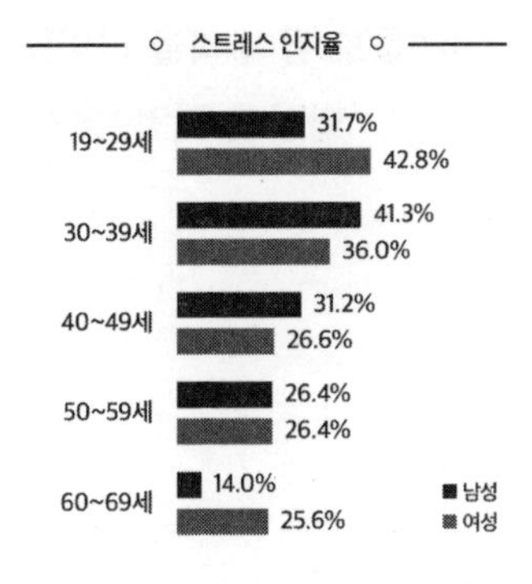

크지만, 그들을 가장 힘들게 하는 것은 역시 불합격에 대한 공포다. '이번에도 떨어지면 어떡하지' '올해도 취직이 안 된다면…' 같은 걱정이 지금 청년들을 가장 우울하게 만들고 있다. 「대학졸업 청년실업과 정신건강의 관계」(신희천 외, 2008)에 따르면 청년들의 취업 여부와 정신건강은 서로 영향을 주고받는다. 취업이 안 되면 우울할 뿐만 아니라, 우울해지면 취업도 잘되지 않는 것이다. "우울이나 불안 등 정서적 어려움을 지닌 청년 구직자를 위한 정책 배려가 더욱 필요하다"고 논문은 제안했다.

2017년 4월

“돌도 씹어 먹을 나이? 밥상을 뒤엎어라”

2014년부터 2017년 3월까지 전국 대학생 2500여 명이 수업이 없는 공강 시간에 각자 학교식당을 찾았다. 앞치마를 두르고 고무장갑을 낀 이들은 식당 배식원과 세척원 등으로 변신했다. 그렇게 자투리 시간 학교식당에서 아르바이트를 했다. 아르바이트해서 번 임금을 식권으로 받았다. 그리고 기부했다. 대학생들의 자발적인 봉사로 한 장 두 장 모인 식권 1만9000여 장은 3000원 안팎의 밥조차 사 먹기 부담스러운 대학생 1900여 명에게 전달됐다. 대학생 봉사단체 ‘십시일밥’이 한 일이다. 이 단체가 내건 모토는 ‘나의 공강 한 시간이 내 친구의 밥 한 끼로’다.

십시일밥을 창립한 이호영 전 대표에게 어른들은 종종 “왜 대학생들 밥까지 도와줘야 하나?”라며 딴죽을 걸었다. 대학생은 스스로 아르바이트를 해서 밥 사 먹을 수 있는 사람들 아닌가 하는 비판이었다. 앞서 이야기한 대로 학교식당에서 친구가 비운 식판에다 밥을 '리필'해서 먹는다는 가난한 대학생의 이야기를 전해 듣고 처음 활동을 구상했다는 이호영 전 대표는 "우리 눈에 잘 띄지 않지만 밥 한 끼 마음 편히 먹기 힘든 친구들이 주변에 분명 많을 거라 생각했다"고 말했다. 예상이 맞았다. 한양대에서 단기 프로젝트로 출발한 십시일밥은 높은 수요 때문에 3년째 전국 29개 대학으로 퍼지며 '끝'을 내지 못하고 있다.

십시일밥에 참여한 봉사자들이 친구들에게 제공해준 것은 단순한 '밥 한 끼'가 아니다. 십시일밥에서 식권을 받은 학생을 대상으로 한 설문조사에서, 66퍼센트가 "식권을 받지 않았더라면 추가 아르바이트를 해야 했을 것"이라고 답했다. 이들은 '아르바이트 시간을 줄인 만큼 실질적인 공부 시간을 확보'(80퍼센트)했고, 또 '식권을 받아 아낀 돈을 자기계발·학습비 등의 미래를 위한 투자에 썼다'(83퍼센트). 청년들에게 밥은 곧 '미래'였다.

십시일밥은 대학 내의 작은 민간단체다. 대학생들이 서로를 돕는 방식으로 이 문제를 해결하기란 불가능하다. 이호영 전 대표도 한계를 명백히 인식했다. "십시일밥을 시작할 때부터 목적은 '이슈 레이징'이었다. 밖에다 이렇게 말하고 싶었다. '친구들이 밥을 못 먹고 있습니다. 그래서 우리라도 이렇게 돕고 있습니다. 학교와 정부, 사회가 이 문제를 알고 해결해주십시오.'"

대학이 부유해질수록
학생들은 배고파진다

대다수 대학에 배고픈 학생이란 '복지의 대상'이 아니라 '수익의 원천'이다. 대학 내 외식업체 등 외부업체 입점률이 이를 방증한다. 대학교육연구소가 2015년 12월 발표한 자료에 따르면 서울 지역 대학에 입점한 일반·휴게 음식점은 310곳에 달한다. 아워홈, 신세계푸드, GS리테일 등 대부분 대기업 계열 외식사업체다. 대학은 학생들이 낸 등록금으로 멋들어진 건물을 지어 목 좋은 곳에 이런 업체들을 입점시킨 뒤 매달 임대료를 받는다. 2016년 전국 196개 사립대학이 임대사업과 같은 법인 수익사업으로 벌어들인 돈은 2조9817억 원. 그 돈은 결국 '소비자'인 학생들의 주머니에서 나온다. 대학이 부유해질수록 학생들은 배고파진다.

다행히도 국립대학 몇 곳은 그래도 학생들 밥을 챙긴다. 전남대와 서울대 등에서 실시하는 '1000원 식사'가 대표적이다. 2017년 2월 23일 저녁 6시, 서울대학교 학생회관 식당은 방학인데도 저녁식사를 하는 학생들로 북적였다. 식당에 들어오는 학생 대부분은 B코너로 향했다. A·B·C 코너 가운데 B코너 메뉴는 단돈 1000원이다. 이날 메뉴는 카레라이스와 부추무침, 샐러드, 김치였다. 밥과 반찬 리필도 가능하다. 서울대 학생식당 영양사는 "그나마 지금 방학이라 한산한 편이지, 학기 중에는 700명까지 길게 줄을 선 적도 있다. 서울대는 학교가 넓어 각기 가까운 식당에서 해결하는 경우가 많은데 1000원 식사 시행 이후에는 먼 거리의 단과대 학생들도 일부러 찾아온다"고 말했다.

서울대는 2015년 6월부터 1000원 식사를 시작했다. '학생들이 경제적 부담 없이 건강한 대학 생활을 하며 인재로 성장할 수 있는 환경을 조성한다'는 취지였다. 처음에는 아침식사에 한했다가 2016년 3월부터는 저녁식사까지 확대했다. 한 끼 식사 단가 2200원 가운데 1200원을 학교발전기금에서 충당해, 지금껏 16만여 끼니를 1000원에 제공했다. 아침과 저녁식사 모두 시행한 2016년 기준으로 2억여 원 남짓한 예산이 들었다. 그리 크지 않은 복지 지출에도 학생들 만족도가 높았다. 서울대 장학복지과 직원은 "어떤 학생들은 등록금 동결에 비견될 만큼 자신들에게 직접 도움이 되는 복지정책이라고 하더라"며 학생들의 만족도를 전했다.

1000원 식사는 서울대에 앞서 광주 전남대에서 처음 실시했다. 2015년 4월부터 전남대는 매일 본교 식당 두 곳, 여수캠퍼스 식당 한 곳에서 단가 2000원짜리 아침식사를 학생들에게 1000원에 제공하는 '건강밥상' 사업을 시작했다. 역시 학교발전기금에서 그 재원을 충당했다. 전남대 학생과 직원은 "'자취하는 학생들이 많은데 이들이 밥 세끼를 다 사 먹으려면 경제적으로 부담이 되지 않겠느냐'는 걱정이 이 사업의 출발이 되었다. 아침만이라도 학교에서 도와주면 학생들의 생활에 활력도 주고 밥값 부담도 줄여줄 수 있을 것 같았다"고 말했다. 전남대의 1000원 식사는 서울대에 이어 2016년 4월 부산대, 9월 충남대 등으로 확산됐다.

그러나 학생들에게 반가운 이런 대학 식복지 정책의 혜택은 '우리 학생'들에게만 주어진다. 전남대, 서울대 등에서 1000원으로 밥을 사 먹을 수 있는 자격은 모두 재학생으로 제한돼 있다. 학생 카드가 없는 사람은 제 가격을 내야 한다. 학내 생활협동조합이 운영하는, '가성비 최고'라고 소문난 한국외국어대학교의 학생식당은 2016년 2월부터 외부인 출입을 아예 막았다. 점심시간마다 타 대학 학생들을 포함한 외부인들이 너무 많이 몰려와 정작 재학생들은 줄을 서다가 밥을 먹지 못하거나 학교 밖에서 밥을 사 먹어야 하는 일이 생긴다는 이유였다.

배고픈 학생들에게 눈 한번 꿈쩍 않는 대다수 대학들에 비하면 이들 대학의 '우리 학생' 밥 챙겨주기는 칭찬받아 마땅하다. 하지만 혜택을 받는 '우리 학생'들은 우리 사회 청년의 극히 일부이다. 더구나 흙수저가 '1000원 식사가 지원될 만큼 학교발전기금이 충분한' 대학에 들어가는 일은 점점 힘들어지고 있다. 학교 밖 가난한 청년이나 가난한 대학교의 학생은 배가 고파도 기댈 곳이 없다.

대안은 '우리 학생'이 아니라 '우리 청년'을 위한 건강한 밥상이다. '누구나' 양질의 밥을 먹어야 하고 또 먹을 자격이 있다는 생각으로 청년 식사권 운동을 벌이는 시도들도 미약하게나마 우리 사회에서 생겨났다. 그 가운데 하나가 1인 가구 청년 식생활 연구모임 '끼다'의 활동이다. 끼다는 또래의 청년 이웃을 초대해 식사를 차려주는 집밥 프로젝트 '우야식당'에서 발전한 단체다. 1인 가구 식생활 실태조사와 노량진·신림동 고시촌 등지에서의 '하루 한 끼 건강하게 밥 먹기' 캠페인, 식생활 일지 작성 모임 등 서울 청년들의 식사 문제에 관한 다양한 활동을 꾸리고 있다. 끼다 모임지기 해영 씨는 "돈 없이 갑자기 사회로 내던져진 청년들이 좋은 어른으로 성장하기까지 제대로 먹을 수 있는 방안을 찾는 건 개인의 능력으로 해결할 문제가 아니라 사회가 함께 고민할 공적 영역이라 생각한다"고 말했다.

대구에서 도시농업 운동을 펼치는 '희망토' 강영수 이장은 청년 식생활 문제를 풀기 위해 농장과 청년들 사이 네트워크를 제안한다. 잉여 농산물 나눔에서 시작해 농업교육과 체험활동을 벌이는 등 청년들에게 농업과 접촉할 면적을 넓히면서 청년들이 '제대로 된 먹을거리'를 경험해보는 것이 중요하다고 말한다. "제대로 된 식사를 하지 못해 몸이 상한 청년들을 보며 많이 안타까웠다. 청년 문제라 하면 취업이나 창업만 얘기하는데 그렇게 돈 벌어서 뭐하나? 결국은 잘 먹고 살려는 것 아닌가. 그렇다면 지금 당장 먹는 것에 대해 한 번이라도 고민을 해보는 게 중요하지 않겠나?"

끼다와 희망토는 각각 서울시, 대구시와 함께 청년 식생활 관련 프로젝트를 수행했다. 끼다는 2016년 서울시 청년허브 연구사업 중 하나로 「청년 독립생활자 식생활 실태에 관한 조사 연구: 밥, 잘 먹고 있나요?」를 진행했다. '부족한 시간과 제한된 여건으로 청년들의 식사가 매우 부실하다'는 조사 결과를 바탕으로 서울시에 청년 대상 푸드셰어링, 공유부엌, 건강키트 사업 같은 정책 도입을 제안하기도 했다. 희망토는 대구시 청년정책네트워크 사업의 일환으로 대구 청년 밥상 설문조사를 벌이고 청년들이 보건소에서 건강검진을 받도록 유도하는 '건강 스탬프' 도입을 제안했다.

"흙수저 밥상을 뒤집어엎어라"

학생과 대학 그리고 활동가 들이 여러 노력을 기울이지만, 청년 식사 문제는 근본적으로 청년들의 부족한 수입을 해결하지 않고는 풀기 어렵다. '수입 없음 → 아르바이트 시작 → 시간 없음 → 준비 실패 → 취업 실패 → (다시) 수입 없음'으로 빙글빙글 도는 고리 안에서 밥은 청년들에게 굶고 때우고 견뎌야만 하는 장애물이 돼버렸다.

일본의 대학 시간강사 구리하라 야스시가 쓴『학생에게 임금을』(서유재 펴냄, 2016)에 따르면, 일본 한 대학 식당에서 판매하는 '후쿠시마 정식'이 대학생들 사이에 큰 인기를 끌었다고 한다. 대학생들이 방사능 걱정에 둔감하거나 특별히 후쿠시마 살리기 운동에 공감해서가 아니다. 그 풍성함에 비해 아주 싸기 때문에, '식욕이 왕성하고 가난한 학생들이 한번 먹게 되면 끊을 수 없기' 때

○ 취약 계층 청년이 겪고 있는 악순환 ○

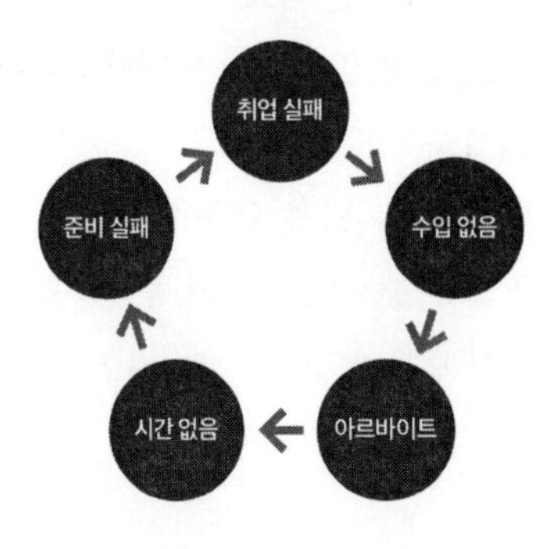

문이라고 한다. '학생임금' 도입을 주장하는 구리하라 야스시는 "확실히 할 것은, 대학이 가난한 학생을 바보 취급하고 있다는 것이다. 어차피 이 녀석들은 화내지 않는다고. 나는 이렇게 말해두고 싶다. 후쿠시마 정식 곱빼기를 뒤집어엎어라. 참지 않아도 된다. 학생임금을 쟁취하여 제대로 된 식사를 하자"고 썼다.

'끼다'의 모임지기 해영 씨는 사회는 물론 청년들 스스로도 너무나 당연히 '참아야 한다'고 여기는 것 같다고 말했다. "지금 당장 먹고 싶은 것도 유예한 채, 모두가 미래를 위해 현재를 포기하며 살고 있어요. 그런데 지금 현재를 소중히 여기지 않는다면 미래 또한 무슨 의미가 있을까요?" 희망토 강영수 이장도 사회가 청년들에게 하는 이야기를 곰곰 생각해보라고 한다. "젊은 사람들에게 그러잖아요, 돌도 씹어 먹을 나이라고. 그런데 아무리 젊은 사람이라도 아무거나 먹으면 안 돼요. 지금 참으면서 성공하라고만 하지 말고, 먼저 제대로 된 밥을 주고서 취업을 하라든 창업을 하라든 해야 하지 않겠습니까?"

더 많은 대학, 지방자치단체, 활동가들이 각자의 방식으로 청년들의 '식사권'을 돕는 동시에, 흙수저 밥상을 눈앞에 둔 청년들은 스스로에게 이런 주문이 필요한 때인지도 모른다. "흙수저 밥상을 뒤집어엎어라. 참지 않아도 된다."

2017년 3월

흙밥 가고
금밥 오라

청년들의 밥걱정을 덜어주면 어떤 변화가 일어날까? "사지 멀쩡한 젊은 것들이…"라며 혀를 끌끌 차는 어르신들 상상대로 놀고먹는 '복지병'에 걸린 게으른 청년들이 사회를 망치게 될까? 작게나마 그 효과를 검증해볼 수 있는 기회가 있었다.

첫 청년 흙밥 보도가 나간 뒤 한 달쯤 지났을 때였다. 전화가 한 통 걸려왔다. '기아대책'이라는 단체라고 했다. 청년 흙밥 기사를 인상 깊게 봤다며, 우리 단체에서 이번에 청년들의 식사를 돕는 사업을 벌이려고 하는데 혹시 관심이 있을까 싶어 연락드린다고 했다. 의외였다. 기아대책은 주로 국내 아동, 장애인, 노인을 돕고 해외 저개발 국가에 봉사단을 파견해 국제 개발협력 사업을 수행해온 국제 구호단체다. 반갑고 신기해 취재 겸 미팅을 잡았다.

기아대책은 2017년 4월 5일부터 '청년 도시락'이라는 이름의 청년 지원 사업을 시작했다. 학자금 대출, 아르바이트, 스펙 쌓기 경쟁 등으로 밥 한 끼 챙겨 먹을 돈과 시간과 여유를 잃어버린 흙밥 대학생들의 식사를 지원하는 사업이다. 기아대책은 1989년 설립돼 오랜 역사를 지니고 있는 구호단체지만 청년 대상 사업은 이번이 처음이었다.

왜 '구호'의 대상에 청년을 추가했을까? 청년 도시락 사업 담당자는 말했다. "우리를 포함해서 공공기관과 모든 NGO는 후원받던 아동이 만 18세가 되는 순간 복지 서비스를 중단해요. 우리 기아대책과 결연해 후원을 받던 아동 500여 명도 작년에 성인이 되면서 모든 지원이 끊겼어요. 걱정스러울 수밖에 없죠. '이 아이들이 제대로 밥은 먹고 다닐까?'" 한 대학 교수를 만나 이야기를 나누던 중에는 이런 말을 들었다. "요새 대학생들 먹는 문제로 걱정이 많아요. 의외로 굶는 학생도 있고요." 고민이 깊어지던 중 『시사IN』에 연재된 청년 흙밥 기사를 읽었다고 했다. 대학생도 이제 밥 한 끼의 기본권을 누리지 못하는 취약계층이 돼버렸다는 사실을 확인하고, 청년 도시락 사업을 구상했다. 한 학기 정도, 학교식당에서나마 고민하지 않고 밥을 사 먹을 수 있게끔 대학가 식권 비용을 지원해주는 방식으로 첫 사업을 시작했다.

청년 도시락 사업*은 지금까지도 이어지고 있다. 새벽 1시까지 맥도널드에서 알바하며 한 달 식비 5만 원으로 버티는 대학생, '최대한 돈을 아끼려고' 같이 밥 먹자는 친구들을 피해 몰래 집에

* https://www.kfhi.or.kr/dosirak

와서 밥을 차려 먹는 자취생, 식당 밥이 너무 비싸게 느껴져 밖에 나가면 하루에 한두 끼는 꼭 굶게 된다는 청년 등이 기아대책에 도움을 요청했다. 이들의 공통적인 바람은 "밥값 걱정에서 벗어나 공부와 취업준비 등에 시간과 에너지를 조금 더 확보하고 싶다"는 것이었다. 사업 담당자는 "청년들의 밥을 지원하는 사업은 단순히 한 끼 배불리 먹이는 것을 넘어 미래를 향한 꿈과 의지를 채우는 일이다"라고 말했다. 또 다른 사업팀 직원의 말에서 진심이 느껴졌다. "식권을 보내더라도 정말 정성스럽게, 청년들이 응원받고 있다는 느낌을 받을 수 있게 보내려고 한다. 그렇게 청년들에게 밥 한 끼를 '베푸는' 게 아니라 '대접'하고 싶다."

청년 도시락 사업이 시작되고 8개월여 뒤, 기아대책에서 다시 연락이 왔다. 여러 차례 사업이 잘 진행돼왔고, 학생들에게 실질적인 도움이 되는 것 같아 기쁘다고 전해왔다. 함께 기뻐해주면서 청년 도시락 참여 청년들의 후기를 들어보고 싶다고 부탁했다. 청년들의 취업을 돕는 사업은 여러 주체에서 하고 있지만 식비를 지원하는 사업은 아직 매우 드물었다. 사회가 젊은이들의 밥을 돕는다는 것에는 어떤 의미가 있을지 들여다보고 싶었다. 기아대책 청년 도시락 사업팀의 도움을 받아 밥걱정을 조금이나마 덜게 된 대학생들에게 '먹고' 사는 이야기를 들어봤다. 이들에게 밥 한 끼는 현재에 대한 위로이자 미래를 향한 격려였다.

가난하면
밥 굶는 게 당연한가요?

강원도의 한 대학에서 디자인을 공부하는 황혜수 씨(20)는 돈이 부족할 때 가장 먼저 포기하는 것이 밥이라고 했다. 매일 아침은 거르거나 우유 한 컵으로 때웠고, 점심때 친구들과 학식이나 배달 음식을 먹게 되는 큰 지출이 생기면 저녁은 굶었다. 전공 특성상 밤샘 작업이 이어지는 날들이 많아, 밥과 함께 잠도 늘 모자랐다. 결국 지난해 말 독감과 함께 위염이 겹쳐 한 달 내내 고열로 앓아누웠다. 그때 떨어진 면역력이 1년이 지난 지금까지도 회복되지 않았다. 조금만 무리하면 쉽게 아프고 피곤해진다. 혜수 씨의 나이는 이제 겨우 스무 살이다.

밥값 걱정은 몸뿐 아니라 마음도 아프게 했다. 수중에 돈이 떨어져 3000원짜리 학식도 사 먹을까 말까 고민하는 월말, 친구들이 "야, 오늘은 학식 말고 밖에서 맛있는 거 먹자"고 하면 혜수 씨는 숨이 턱 막혔다. 우르르 나가는 무리에서 빠져나가기 힘들어

함께 가면서도 혜수 씨는 내내 머릿속에서 돈 계산을 했다. 맛있는 음식도 맛있지가 않았다. 그런 자신이 궁상맞은 사람처럼 느껴져 또 한 번 스트레스를 받았다.

청년 도시락으로 식비를 지원받은 뒤 몸과 마음을 짓누르던 부담이 많이 덜어졌다. 전에는 챙길 엄두가 나지 않던 아침밥도 꼭꼭 먹는다. 매일 아침 학교식당에서 백반으로 든든히 속을 채우고 수업을 들으니 집중력도 높아지고 하루를 시작하는 기분도 좋다. 친구들이 외식 제안을 해도 숨 막히는 일이 사라졌다. 식비를 지원받아 아낀 돈으로 그간 가고 싶었지만 비싸서 망설였던 전시회도 보러 갔다. 무작정 굶어서 돈을 아낄 때는 감히 생각지도 못했던 여유다.

"밥을 먹으니 사람 눈을 마주칠 수 있게 되었다"

서울의 한 대학생 이원효 씨(24)는 키 173센티미터에 몸무게 55킬로그램을 기록한 적이 있다. 못 먹어서였다. 어려운 가정 형편에 부모님의 지원 없이 대학 생활을 이어나가려니 제대로 밥을 먹기 힘들었다. 먹는 것보다 방세, 교재비, 통신비가 더 급했고, 그 지출을 위해선 아르바이트를 해야 했으며, 일하다 보면 밥 먹을 시간이 없었다. 일주일에 일곱 끼, 그러니까 하루에 한 끼만 먹는 날들이 이어졌다. 그나마 하는 식사라곤 이동 시간에 길거리를 걸으면서 먹는 편의점 빵이나 김밥 정도였다. 가뜩이나 살이 안 찌는 체질인 원효 씨는 점점 말라갔다. 아르바이트 일터에서 집으로 돌아가면 쓰러져 자기만 했다. 면역력도 떨어져 매일매일 감기 몸살과 편두통에 시달렸다.

청년 도시락 사업으로 식비를 지원받고 나서 일단 아르바이트를 줄였다. 편의점에서 1500원 남짓으로 해결하는 끼니 대신 학교식당에서 밥과 국, 반찬 세 가지가 갖춰진 백반을 먹었다. 조금씩 체중이 불어났다. 그간 원효 씨의 가장 큰 콤플렉스는 '흉하게 마른 얼굴'이었다. 얼굴 살이 많이 빠져 만나는 사람마다 "어디가 아프냐" "잘 안 먹고 다니냐"고 묻는 통에 고개를 푹 숙이고 눈을 잘 마주치지 않는 습관이 들었다. 그 탓에 원효 씨가 자신을 무시하는 것으로 오해해 관계가 틀어지는 사람도 생겼다. 밥을 제대로 챙겨 먹고 얼굴 살이 붙으면서, 원효 씨는 이제 조금씩 고개를 들고 다른 사람의 눈을 마주칠 수 있게 되었다.

원효 씨는 "돈 없고 배고픈 현실에 더해, 기성세대의 사회적 인식 또한 청년들을 힘들게 한다"고 말했다. "기성세대의 노력과 경험을 무시하는 것은 아니지만, 당시의 시대상과 최근의 시대상은 많이 바뀌었는데, 그때를 투영해 현재 청년들에게 '그것도 못 참느냐' '우리 때는 다 못 먹고 컸다'고 한다. 그런 언사가 우리에게 큰 부담을 주고 정신적으로 상처를 입힌다."

"가난하니 굶어 죽지 않을 정도만 먹으면 된다고 생각했는데…"

경기도에 사는 대학생 김성미 씨(23)도 청년 도시락 사업으로 학교 식권을 제공받으면서 가장 먼저 편의점 아르바이트를 그만두었다. 애초 아르바이트를 시작한 이유 중 하나가 밥이었다. 유통기한이 지난 폐기 음식을 퇴근길에 챙길 수 있어서 밥값을 절약할 수 있기 때문이었다. 식비 지원을 받으니 굳이 바쁜 시간을 쪼개 아르바이트를 이어나갈 필요가 없어졌다.

공무원 시험을 준비 중인 성미 씨에게 가장 소중한 공부 시간도 확보됐다. 학교 식권도 부담이 돼 꼭 집에 돌아와서 저녁을 먹어야 했던 예전과 달리, 도서관과 가까운 학교식당에서 저녁식사를 해결하고 다시 공부하러 돌아갈 수 있게 되었다. 조금 앉아서 공부하다 보면 아르바이트 시간, 또 조금 지나면 곧 집에 가 밥 먹을 시간이 찾아와 길게 공부를 이어나가기 힘들었던 성미 씨는 이제야 제대로 공부를 하는 것 같다고 말했다.

한 권에 몇 만 원씩 하는 수험서를 살 돈이 없어서 학교 도서관에 비치된 교재를 공책에 필사해 공무원 시험을 준비할 만큼 성미 씨는 가정 형편이 좋지 않다. 고등학교 졸업 후 바로 돈을 벌지 않고 대학 진학을 택했기 때문에 성미 씨는 자신의 배고픔을 당연히 참고 견뎌야 한다고 받아들였다. 장학금으로 학비가 해결되는 게 어디냐며, 밥값 같은 것이야 알아서 해결해야 할 몫이라고 여겼다. 돈 없으면 굶는 게 당연하고, 굶어 죽지 않을 정도로만 먹으면 된다고 생각했다.

식비를 지원받으면서 처음에는 마음이 불편했다. '식비까지는 사치가 아닐까?' '식비야 내가 더 줄이면 되는데….' 하지만 한편으로는 처음으로 사회가 주는 밥을 먹게 되면서 '인권이 보장되는' 듯한 느낌을 받았다. 식비를 받기 전에는 몰랐던 느낌이다. 편의점 폐기 음식으로 끼니를 때우는 날이 길어질수록 배탈이 잦아져도, 커피값과 밥값이 부담스러워 조별 과제 모임에 빠지게 돼도 어쩔 수 없는 일이라며 포기하고 체념해왔다. 제대로 먹게 되니 그런 일들이 꼭 당연하지 않을지도 모른다는 생각을 하게 되었다.

성미 씨는 평소 청소년 복지관에 봉사활동을 자주 다녔다. 가난해서 더 우울하던 사춘기 시절 자신을 끌어줄 언니 오빠가 있으면 얼마나 좋을까 하는 아쉬움을 겪었기 때문이다. 그래서 방황하는 동생들에게 진로 정보도 찾아주고 상담도 해준다. 밥을 든든히 챙겨 먹고 나서 봉사활동도 더 적극적으로 한다. "저도 그랬지만… 가난하면 진로 고민 같은 걸 안 해요. 무조건 돈을 먼저 벌어야 한다는 강박에 시달리고 뭘 생각할 여유가 없어요. 그런데 이제 조금 알 것 같아요. 가난해도 꿈을 꿔도 되는구나, 원하는 걸 도전해봐도 되는구나…. 이런 걸 스스로에게도, 또 방황하는 동생들에게도 얘기해주고 있어요."

2017년 12월

"밥은 먹고 다니니?"

2017년 10월 31일 저녁, 서울시 중림동에 위치한 『시사IN』 편집국에 구수한 밥 냄새가 퍼졌다. 창간 10주년을 맞아 『시사IN』이 이런저런 독자 이벤트를 벌이던 시기였다. 기자들의 관심 주제로 독자들을 불러 모으는 '중림동 다이내믹'이라는 행사가 기획됐다. "모여서 밥이나 한 끼 먹죠, 뭐"라는 내 말에 행사 담당자는 〈변진경 기자와 함께하는 '밥은 먹고 다니니'〉라는 간판을 내걸고 모객을 했다. '집밥을 먹으며 나누는 청춘 토크'라는 부제가 붙었다.

하나둘 오겠다는 사람이 모이자 덜컥 겁이 났다. 명색이 '집밥'인데 아무거나 대접할 수는 없겠다 싶어 행사 날 집에 있던 10인용 압력밥솥을 들고 왔다. 애들 백일과 돌 때 손님치레용으로 사놓고 구석에 처박아뒀던 수저 세트와 사기그릇 세트도 오랜만에 빛을 봤다. 밥이야 쌀을 씻어 안치면 되지만 반찬과 국이 걱정이었다. 내 아이들이야 할 수 없이 내가 해주는 음식을 먹어야 하지만, 먼 발걸음을 해주는 황송한 독자들에게 내 평소 요리 실력을 보여줄 수는 없는 노릇 아닌가.

다행히 구세주가 나타났다. 집밥 모임 끼다를 운영하는 해영 씨가 찌개와 반찬을 준비해주겠다고 했다. 방금 지은 밥과 달걀말이, 두부조림, 김자반이 분홍색 체크무늬 식탁보로 새단장한 편집국 회의실 책상 위에 올랐다.

독자들이 하나둘 식탁 주변에 모여들었다. 충남 공주에서 온 대학생, 서울의 취업준비생, 룸메이트와 함께 사는 여학생 둘, 강원도 춘천에 사는 공무원, 셰어하우스 운영회사 직원…. 주로 20~30대 청년들이었지만 나이 지긋한 할머니 독자 두 분도 함께 둘러앉아 밥을 먹었다. 각자 다른 처지에서 다른 일을 하는 사람들이었지만, 모두 우리 시대 젊은이들의 밥에 관심과 연민이 많은 분들이었다. 도란도란 밥술을 뜨며 '내 밥'을 넘은 '네 밥'의 권리에 대해 이야기를 나누었다. 그때의 대화 일부를 옮긴다.

해영 씨(집밥 모임 '끼다' 운영자) 친구들을 불러 모아 밥을 차려 먹이면 모두들 말했어요. "아, 누가 차려준 집밥 정말 오랜만에 먹는다." 먹는 문제에 대한 고민이 나 혼자만의 문제가 아니구나 싶었어요. 내 또래 청년들이 모두 겪는 문제였던 거죠. 중고등학교 때까지는 학교에서 급식이 나오고 먹을거리 교육도 열심히 시키잖아요. 밥이 중요하다, 골고루 영양을 섭취해라…. 그런데 갑자기 스무 살이 되면 딱 바뀌죠. 네가 알아서 먹으라고.

배지환 씨(공주시 대학생) 저도 주로 편의점에서 삼각김밥이나 컵라면을 많이 먹으면서 지내요. 기본적으로 서울과 비슷하긴 하지만 지방의 청년들은 서울과 다른 문제를 겪기도 해요. 방값이 싸고 물가가 낮아서 좋은 점도 있지만 수익이 맞지 않다고 생각하는 상인들이 '한철 장사'에 올인하면서 오히려 폭리를 취하기도 해요. 가끔 턱도 없이 비싸거나 맛없는 식당이 있어도 아무런 항의도 못 해요. 거기 아니면 먹을 곳이 없으니까요.

김형규 씨(서울시 취업준비생) 지방 출신이라 서울에서 자취를 하는 중인데, 학교를 졸업한 뒤 먹는 문제가 더 어려워졌어요. 학교에 있을 땐 그나마 같이 수업 듣는 친구와 같이 밥을 먹는 식으로, 그래도 사람과 같이 이야기를 나누며 밥다운 밥을 먹을 수 있었던 것 같아요. 졸업한 뒤에는 거의 저 혼자 먹어요. 자연히 생활비 가운데 식비를 가장 아끼게 되더라고요. 5000원 넘는 밥은 안 사 먹어요. 가끔 학교식당에 밥을 사 먹으러 가고 싶지만 아는 친구나 후배를 만날까 봐 부담스러워서 안 가요. '앗 선배다!' 하고 알아볼까 봐….

심현미 씨(서울시 취업준비생) 처음 자취했을 때는 식비가 너무 많이 들어서 그냥 자주 굶었어요. 저는 합정역 인근에 사는데, 관광객도 많고 해서 근처에 싼 밥집이 없어요. 그런데 그렇게 살다 보니 병원비가 늘어나더라고요. 요새 점차 집에서 제대로 된 밥을 먹으려고 노력하고 있는 중이에요.

류나윤 씨(서울시 취업준비생) 먹는 환경이 중요한 것 같아요. 최근 룸메이트와 같이 돈을 모아서 2인용 식탁을 하나 사서 방에 놨어요. 원래 접이식 식탁을 사용했는데 밥을 먹고 나면 늘 소화가 안 되더라고요. 특히 혼자 접이식 식탁에서 웅크려서 먹고 나면 마음도 슬퍼지고….

방미솔 씨(춘천시 공무원) 공무원 시험을 준비하던 때 하루 식비를 2000원으로 제한했어요. 아침은 굶고, 점심은 가장 싸고 빠른 컵라면, 저녁은 배도 채우고 잠도 깰 수 있는 커피믹스로 해결했었죠. 인스턴트 음식 탓인지 매일 배가 고픈데도 체중은 1년 새 10킬로그램도 넘게 불어났어요. 도서관에 앉아 공부할 때 배에서 나는 꼬르륵 소리가 창피해서 몇 번이고 화장실로 도망갔던 기억이 납니다. 그때 망가졌던 몸이 아직까지도 완전히 회복되지 않은 것 같아요.

김은해 씨(70대 독자) 젊은 사람들의 이런 이야기를 들으니 너무 놀랍고 안타까워요. 공감도 되고요. 저도 늦은 나이에 혼자 살고 있는데 '혼밥'이 제일 무섭거든요.

권미수 씨(60대 독자) 성당에서 '생명밥상'이라며 좋은 재료, 좋은 음식을 해 먹는 활동에 참여하고 있는데 막 부끄럽기도 하고 미안하기도 하네요. 우리끼리 좋은 거 먹자고 하면 뭐하나요? 지금 이렇게 젊은 사람들이 제대로 잘 먹지 못하고 있는데. 여러분들 이야기를 들으니 그것도 사치가 아닌가 싶네요. 우리 딸도 지방에서 기숙사 밥만 줄곧 먹다 보니 몸이 많이 망가지더라고요. 젊은 사람부터 잘 먹을 수 있는 환경이 조성됐으면 좋겠네요.

21세기형 쪽방에
저당 잡힌 청춘

2008~2011년 기사로 가장 많이 쓴 주제가 '젊은이의 방'이었다. 아직 청년 주거 문제가 본격적으로 떠오르기 전이었다. 문득 당시 20대였던 나나 주변 친구, 선후배들이 자신의 주거 공간을 '집'이 아닌 '방'으로 부르고 있다는 점을 깨달았다. "네 집은 어디야?"가 아니라 "네 방은 어디야?"라고 물었고, "집에 갔다 올게" 대신 "방에 갔다 올게"라고 말했다. 고시원, 원룸, 기숙사, 하숙집, 오피스텔 등 모양도 가격도 다양한 방, 운 좋으면 2년에 한 번, 평균 1년에 한 번 이상 옮겨 다니는 나와 또래들의 삶이 흥미로우면서도 불편했다. 젊으면 원래 이렇게 살아야 되나?

아지랑이 같은 문제의식만 붙들고 여기저기 취재를 다녔다. 여러 형태의 방에 사는 청년을 만나고 문학작품에 젊은이의 방을 등장시킨 소설가들에게 조언을 구했다. 빈민 주거권 운동을 하는 활동가도 찾아가 이야기를 나누었다.

당시 '청년' 문제랄 것이 떠오른 시절도 아니라서, 문제를 겪는 당사자들을 그냥 '20대'로 지칭했다. 마땅히 이 모든 소재를 합칠 사회적 명칭도 찾기 힘들어 '방살이 청춘'이라는 다소 낭만

적이고 두루뭉술한 단어로 기사를 마무리했던 기억도 난다. 당시 내 기사와 함께 붙였던 주거권운동네트워크 활동가의 기고문에는 이런 문장이 있다. "'주거권'이라는 말도 생소한데 20대라니. 그러나 바로 그 때문에 20대의 주거권은 중요한 사회의제가 되어야 한다."(미류, 「20대에게는 '주거권'이 없다」)

주거권 운동가조차 생소하다고 말한 '20대(청년) 주거권'은 불과 10년 만에 청년 문제에서 가장 자주 다뤄지고 중요하게 여겨지는 의제로 자리매김했다. 이제 아무도 청년 문제의 의미를 모호하게 받아들이지 않고, '청년에게도 주거권이 필요하다'는 명제에 토를 달지 않는다. 이제 청년 주거 지원은 대선, 총선, 지방선거 등 웬만한 선거철마다 후보들의 공약집에 담기는 단골 정책이 됐다. 여러 청년 단체들이 열심히 활동해온 덕분이기도 하지만, 내가 아스라이 문제의식을 갖던 10년 전보다 상황이 더 나빠지기도 한 탓이다.

10년 전 쓴 기사들을 굳이 여기에 다시 옮기는 것도 그때의 현실이 지금 조금도 나아지지 않았기 때문이다. 오래된 통계자료의 수치와 10년 전 물가가 반영된 방값 시세만 다를 뿐이다. 통계지표는 그때보다 더 나빠졌고, 방값은 물가 인상률보다 여러 배 이상 뛰었다.

이제 언론도 더 이상 '식상해진' 주제인 청년 주거권을 거론하지 않고, 청년들도 딱히 왈가왈부하지 않는 지경에 이르렀다. 간혹 청년 임대주택을 짓겠다는 동네에 주민들이 "혐오시설 반

대한다"며 시위에 나서면 그때 반짝 다시 청년 주거가 다뤄질 뿐이다. 10년 질문이 아직도 해결되지 않았다. 젊으면 원래 이렇게 살아야 하나?

"당신의 꿈
어느 방에 두고 왔나요?"

소설가 김애란의 단편소설 「노크하지 않는 집」에서, 시골의 부모님께 송금받은 월 20만 원으로 고시원 '1번 방'에 사는 휴학생 주인공은 이렇게 말한다. "졸업을 하고 형편이 나아지면 나는 이곳보다 더 좋은 곳으로 옮길 수 있을 것이라 생각한다. 나는 지금 이곳을 벗어나기 위해 이곳에 있는 것이다."

문학작품 속에서 방은 젊은이에게 '유예의 공간'이다. 이광호 문학평론가는 김애란 소설집 『침이 고인다』(문학과지성사 펴냄, 2007)에 붙인 해설에서 "소설에 나타난 20대의 방은 '신빈곤' 시대의 20대가 청년 실업과 비정규직 양산이라는 엄혹한 시대 상황 속에서 처절하게 입사식을 준비하는 공간이다. 거기에서 '취업준비생' '재수생' '아르바이트생' 혹은 '변두리 학원 강사'의 신분을 가진 인물들은 정규 사회 진입의 지난함을 감내해야 한다"고 분석했다.

2000년대 들어 인기 문학작품에는 늘 '20대의 방'이 등장했다. 소설 속 젊은 주인공은 고시원, 미니원룸, 반지하, 옥탑방 등 서울의 작고 기형적인 방 안에서 꿈꾸고 좌절한다. 이상운의 「내 머릿속의 개들」에 등장하는 젊은 백수는 상암동 반지하 방에서 뒹굴거린다. 김영하 「퀴즈쇼」의 주인공도 '집'을 잃은 후 고시원 건물 속의 창문 없는 '방'을 얻는다.

20대가 겪는 누추한 '방 이야기'가 새로운 소재는 아니다. 소설가 김애란은 "나와 띠동갑인 박민규 선배의 「갑을고시원 체류기」를 보고 내가 다룬 고시원 풍경이랑 하나도 다른 점을 못 느꼈다. 작품 속 배경이 1991년인데도 그랬다. 기본 환경은 예나 지금이나 마찬가지다. 다만 다른 게 있다면, 지금은 겉이 조금 더 번지르르해졌다는 것이다"라고 했다.

음악과 뮤지컬에도 20대의 방이 등장한다. "여기저기 빨래가 나뒹구는 방… 구질구질한 세상아"라는 인디밴드 달빛요정역전만루홈런의 〈361 타고 집에 간다〉도, "눅눅한 비닐장판에 발바닥이 쩍 달라붙었다 떨어진다"는 장기하와 얼굴들의 〈싸구려 커피〉도 누추한 자취생의 일상을 노래로 들려준다. 뮤지컬 〈빨래〉는 옥탑방에 사는 몽골 이주노동자와 반지하 방에 사는 대형 서점 비정규직 여성의 사랑 이야기를 담았다. 〈빨래〉에 나오는 노랫말은 방살이 청춘의 가슴을 적신다. "서울살이 여러 해, 당신의 꿈 아직 그대론가요? 나의 꿈 닳아서 지워진 지 오래, 잃어버린 꿈 어디 어느 방에 두고 왔나요?"

2008년 10월

방방 뛰는 방세에
눈물이 방울방울

카메라가 좁은 자취방을 훑는다. 개수대 모서리에는 우산이 몇 개 걸려 있고, 한 발자국 옆 화장실은 반 이상을 세탁기가 차지했다. 다시 한 뼘 옆으로 시선을 옮기니 바로 방문이다. 대학생이 되었다는 설렘으로 시작한 서울 생활 7년. 모두 여덟 번 이사를 다닌 혜미가 자그마한 방에 쪼그려 앉아 말한다.

"방값을 비롯한 생활비에 쪼들려 주말엔 과자로 끼니를 때웠다. 처음에는 이런 것도 자랑스러웠다. 내가 이겨내면 삶의 경험이 될 거니까. 그런데 어느 순간 억울한 마음이 들기 시작하더라. 나는 앞으로도 계속 이렇게 떠밀려 다니겠구나…." 20대의 주거 문제에 대한 고민을 담은 다큐멘터리 영화 〈자기만의 방〉(2010)의 한 장면이다.

다큐멘터리 속 혜미처럼 오늘도 많은 젊은이가 떠밀려 다닌다. 짜장면과 탕수육 세트로 친구의 일손을 사고 동네 슈퍼에서 얻은 종이상자에 세간을 넣어 리어카나 용달 트럭 위에 올라탄다. 이들 가운데 '좀 더 싸고 좋은 방'으로 옮기는 이들은 찾아보기 힘들다.

기가 막히는
'배짱 좋은 방'들

통계청 자료에 따르면, 2011년 2월 전국 전월세 가격 상승률은 전년 같은 달 대비 2.7퍼센트 올랐다. 특히 전세가 상승률은 3.1퍼센트로 2004년 이후 최고치를 기록했다. 뉴타운 정책 등으로 인해 서울 시내에서 사라진 주택 수는 지난 4년간 12만821가구다. 2010년에는 2007년보다 2배 이상 많은 주택이 사라졌다. 전세·반전세·월세·하숙 가릴 것 없이 세가 뛸 수밖에 없는 구조 속에서, 가난한 청춘들은 모두 같은 시름을 안고 방을 옮길 수밖에 없다.

올해는 상황이 더 심각하다. 수도권을 중심으로 불어닥친 전세난의 불똥이 튀었다. 대학원생 김아리 씨(26)는 갑작스레, 부랴부랴 이삿짐을 꾸려야 했다. 1년 반 전부터 살고 있던 서울 서대문구 대현동 전세 원룸을 올해부터 월세로 돌리겠다고 집주인이 통보했기 때문이다. 다달이 들어가는 생활비를 더 이상 늘릴 수 없다고 생각한 아리 씨가 새 방을 찾기 위해 돌아다닌 2주간은 공포와 충격 그 자체였다.

서울 신림동 유흥가 골목길에 자리 잡은 원룸은 전세가 1억 원을 불렀고, 신도림역 인근의 한 원룸은 전세가 1억500만 원에 집주인 대신 세입자가 나와 '전전세 계약'을 맺자고 요구했다. 울며 겨자 먹기로 애초 예산보다 3500만 원을 더 얹어 서울 구로구 구로동에 새 전셋집을 마련하던 날, 부동산 아주머니는 계약서를 쓰는 아리 씨에게 말했다. "학생, 방 참 잘 구했어. 이 방 전셋값이 이튿날 바로 1000만 원이 올랐거든."

대학생 조은지 씨(22)도 서울 신촌 일대에서 새 방을 구하러 다니면서 최근의 전세난을 제대로 실감했다. 50군데 이상 발품을 팔았지만, 최대 예산 5000만 원에 맞는 방은 건물 1층이 호프집이거나 계약서를 쓸 때 주인 대신 관리소장 등이 나타나 대충 쓰자고 하는 곳뿐이었다. 고려대 주변에 작은 전세 원룸을 얻으려던 배민수 씨(26)도 희소성만 믿고 나온 '배짱 좋은' 방들을 보고 기가 막혔다. "보증금 6500만 원을 달라는 곳에는 방 한가운데에 떡하니 기둥이 서 있더라. 전세가 워낙 없으니 이런 집을 내놔도 나가겠다 싶었던 거다."

집주인들의 배짱은 때로 횡포로 변한다. 비교적 싼값(보증금 30만 원, 월세 20만 원)에 세를 살던 서울 관악구 신림동 한 다세대 주택의 젊은 세입자들은 지난겨울 내내 찬물로 몸을 씻어야 했다. 집주인이 방값을 요즘 시세보다 싸게 받는 대신 공용 화장실의 온수를 조절하던 각 층의 가스난방 버튼을 다 떼어 갔기 때문이다. 집주인에게 '따스한 물로 목욕할 수 있게 보일러 좀 틀어달라'는 부탁 전화를 하기 껄끄러웠던 젊은 세입자들은 따로 돈을 마련해 헬스장 회원권을 끊거나, 복도 정수기에서 온수를 받아 몸에 끼얹었다.

하숙비
월 70만 원까지 급상승

2주 전 이 같은 사실을 모른 채 방에 들어온 취업준비생 허선미 씨(28)는 "다들 어이없어하면서도, 이만한 비용으로 구할 수 있는 방이 없다는 생각에 서러워도 버티고 있다. 나도 곧 가스버너와 양동이를 사 방에서 직접 온수를 만들 생각이다"라고 말했다.

비교적 싼값에 잠자리와 식사가 해결돼 공동생활의 불편함을 감수하고 들어가던 하숙방도 이제 부르는 게 값이다. 김준한 서강대 총학생회장은 "지난해 최소 월 35~40만 원 하던 신촌 지역 하숙방이 올해는 45만 원 아래로는 들어가기 힘들 정도로 값이 뛰었다"고 말했다. 한양대 3학년생 박은우 씨도 "하숙집 아주머니들이 하숙비를 월 70만 원까지 올리고 있다. 일부 하숙집들은 서너 곳이 무리를 이루어 일요일 점심을 제공하지 않기로 하는 등

담합도 한다"고 말했다. 이 같은 사례가 알려지자 지난 2월 24일 고려대 등 서울 지역 5개 대학 총학생회는 하숙집 불법 담합을 근절하기 위한 대학생 네트워크를 꾸려 집단제소 운동 등을 벌일 것이라고 밝혔다.

열악한 주거 환경과 높은 비용에 허덕이는 20대를 위해 정부와 대학도 조금씩이나마 대책을 내놓고 있다. 대학은 재학생을 위한 기숙사 시설을 증축하고, 정부와 지자체는 '대학생 보금자리 주택(LH공사)'이나 '유스하우징'(SH공사)처럼 저소득층 가구에 지원하던 다세대주택 임대 물량 일부를 저소득·한부모 가정의 대학생 몫으로 떼어 주변 시세의 30퍼센트 가격으로 제공하기도 한다.

하지만 웬만큼 운이 좋지 않으면 이런 혜택은 받기 어렵다. 2011년 2월 대학생 보금자리 주택 모집 결과 경쟁률은 전국 평균 7.5대 1을 기록했다. 297명을 모집하는 데 2247명이 몰렸다. 방값이 비싼 서울의 경쟁률은 평균 12대 1에 이르렀다.

여러 대학과 접근성이 좋은 서울 동대문구 회기동에서는 방 하나를 두고 대학생 36명이 경쟁하기도 했다. 1순위 자격 요건을 충족하고 학교가 가까운 광진구 주택 대신 경쟁률이 낮은 강동구 천호동 주택에 '눈치 지원'한 덕에 당첨의 기쁨을 누렸다는 건국대학생 허민정 씨는 "대학생을 지원하는 가장 실용적인 정책 같아 반갑지만, 임대주택 공급 수가 대학생 수에 비해 너무 적은 것 같아 아쉽다"고 말했다.

내가 부모님께 민폐구나,
하는 자조감 늘어

유스하우징에서는 집 안에서 음주가 금지되어 있다. 대부분 대학 기숙사와 지방 학숙은 성적 제한을 두는 등 주거 지원을 받으려면 지켜야 할 사항도 부지기수다. 그나마 학교를 졸업하거나 잠시 쉬기라도 하면 이 모든 지원에서 제외된다. 비싼 등록금을 마련하기 위해 휴학을 하고 아르바이트를 하는 20대, 졸업을 했지만 직장을 얻지 못한 20대, 대학교에 진학하지 못한 20대는 주거 지원 정책의 사각지대에 서 있다.

한 해 등록금 1000만 원 시대가 열린 지 이미 오래다. 2011년에도 4년제 사립대학 가운데 26곳이 등록금을 평균 3.5퍼센트 인상했다. 김아리 씨는 "올해부터는 부모님께 경제적 지원을 받지 않고 살아보려 마음먹었는데 결국 수포가 되었다. 특히 방을 구하는 시즌이 되면 '내가 부모님께 민폐구나' 하는 자조감이 심하게 든다"고 말했다. 고공비행하는 등록금·방세·식비의 삼중고 앞에서, 부모에게서 독립해 제대로 밥 먹으며 대학을 졸업하고, 직장을 가지려는 20대의 '평범한 꿈'은 이제 엄청난 포부가 되어버렸다.

2011년 3월

이 방에서 벗어나려
이 방에 산다

서울의 전체 1인 가구 중 45퍼센트가 25~34세 사이의 청춘이다. '화려한 싱글'은 극히 일부일 뿐, 대다수 '방살이' 젊은이는 개인주의와 빈곤이 뒤섞인 기형적 형태의 '방'에서 살아간다.

한국, 특히 서울의 많은 이들은 방에 산다. 기러기 아빠, 비혼 남녀, 소년소녀 가장, 독거노인 등이 단칸방이나 쪽방, 고시원과 원룸에 흩어져 산다. 방살이 인구는 1인 가구 수치로 대략 짐작해볼 수 있다. 「2008 서울통계연보」에 따르면 서울의 1인 가구는 전체의 22.4퍼센트인 76만8457가구다. 대개 보증금을 낀 월세(39.0퍼센트) 형태로 사는 그들 중 다수(45.0퍼센트)는 바로 25~34세 사이의 청춘이다. 방에 사는 기러기 아빠와 홀로 사는 노인은 사회문제로 주목받지만, 방에 사는 청춘을 걱정하는 이는 많지 않다. 젊은이에게 방은 '우리 집'을 나와 '내 집'을 장만하는 사이 잠시 거쳐 가는 공간이라 여겨지기 때문이다.

그러나 상황은 이제 달라졌다. 청년 실업률이 치솟고 비정규직 고용 체제가 확산됐다. 졸업도 취업도 결혼도 유예하는 일이 잦아졌다. 아파트값이 오른 만큼 방값도 올랐다. 서울의 방 한 칸에 머물기 위해, 혹은 좀 더 나은 방으로 옮기기 위해 노력하는 사이 방살이 청춘은 범위가 넓어지고 적체되기 시작했다. 방은 이제 더 이상 삶에서 잠시 거쳐 가는 공간이 아니다.

일부 언론은 젊은 1인 가구의 증가를 두고 "화려한 싱글이 늘어났다"고 분석했다. 겉이 반짝반짝해진 건 사실이다. 허름한 자취방은 '풀옵션 미니원룸'으로 탈바꿈했다. 웬만한 고시원도 비밀번호를 눌러야 문이 열리는 현관을 갖추고 대리석 계단을 깔았다. 서울 신림동 고시촌의 한 부동산 중개인은 "요새 인터넷이 안 깔렸거나 에어컨이 없는 방은 아무리 싸도 잘 안 나간다"고 말했다.

인터넷과 에어컨을 갖춘 대신 방은 더 좁고 어두워졌다. 외관이 깔끔한 고시텔 속에는 창문이 없고 방바닥이 세모난 방이 구석구석 숨어 있다. 학교나 직장에 다니거나 백수로 지내는 다양한 20대가 다달이 평균 30만 원 이상씩을 내고 그런 방에 들어가 산다. 방에 사는 청춘의 이야기를 소설에 담은 김애란 작가는 "예전에도 젊은 사람들은 구질구질한 방에 살았다. 다만 우리 시대 젊은이들의 가난과 고생은 반짝이는 원룸 자재들 속에 은폐되고 있다. 알고 보면 사실 다들 속은 구질구질한데 나만 그렇다고 생각하니, 절대적 상황은 나아졌어도 상대적으로 느끼는 박탈감은 더 커진 것이다"라고 말했다.

비싸고 열악한 최근의 방 환경은 젊은 층이 스스로 선택한 결과기도 하다. 같은 가격이면 옆방 사람과 'N 대 일'의 관계를 맺지 않고 살아도 되는 방을 선호한다. 서울에서 고시원 생활을 하는 취업준비생 강유미 씨(26)는 "하숙방은 어느 정도 내 생활을 공개해야 하는데, 그게 불편해 환경이 덜 좋더라도 고시원을 택했다"고 말했다.

젊은 층이 원하는 대로 방 안에 개인 욕실과 싱크대, 신발장까지 밀어 넣다 보니 방은 더 좁아지고 비싸졌다. 전세 5000만 원을 주고 13.2평방미터(4평) 남짓한 풀옵션 원룸을 구한 황의찬 씨(26)는 "밖에 나가지 않고 방 안에서 모든 걸 할 수 있는 풀옵션이 좋은 줄 알았는데, 신발장 먼지가 싱크대로 날아오고, 주방의 냄새가 침대에 배어 영 불편하다"고 말했다.

12년간 방살이를 한 학원강사 박근수 씨(31)는 풀옵션 원룸이 어떻게 확산돼왔는지 목격했다. "1990년대 말에 주변에 누가 원룸에 산다고 하면 휴대전화를 가진 사람처럼 부러움을 받았다. 휴대전화나 원룸은 사생활을 보장하는 수단을 의미했기 때문이다. 이후 10년간 20대의 개인주의와 집주인의 장삿속이 맞아떨어지면서 '야매' 원룸이 급속히 확산됐다. 기존 자취방에 화장실 하나를 뚝딱 만들어놓고 풀옵션 원룸이라고 비싸게 세를 놓는 광경을 수없이 봤다. 우리는 사생활이 보장되는 주거공간이라며 좋다고 찾아다니지만 실은 조악하게 만든 짝퉁 상품이다."

방에 사는 젊은이 대다수는 언젠가 방을 벗어날 거라고 믿는다. 졸업을 하면, 정규직 일자리를 얻으면, 결혼을 하면 자기가 사는 공간을 '방' 대신 '집'이라고 부를 때가 오리라는 기대를 막연히 품고 있었다.

하지만 현실은 녹록치 않다. '살 만한' 방이 턱없이 부족한 서울 땅에서 젊은이들은 고만고만한 방들을 서로 돌려쓰는 데 돈을 탕진하지 않을 수 없다. 주거권네트워크 상임활동가 미류 씨는 "지금 한국의 주택 보급 구조와 정책으로는 20~30대가 영원히 방에서 자취생으로 사는 생활에서 벗어나기 힘들다"라고 전망했다. 오늘날 우리가 20대의 방에 관심을 가져야 할 이유다.

2008년 10월

'방'을 둘러싼 20대의 번민

"20대를 돌아보면 뭐가 떠올라?" "방. 그동안 이사 다녔던 방들이 떠올라." 김미월의 장편소설 『여덟 번째 방』(민음사 펴냄, 2010)에서 등장인물들이 나누는 대화다. 20대 시절에 살았던 방을 하나씩 찾아가 둘러보며 작품을 구상했다는 작가는 "청춘의 계단을 밟고 이사를 다닐 때마다 조금씩 좁아지고 낮아지고 어두워졌던 방들. 문이 잘 닫히지 않던 방, 저녁마다 서향으로 난 창에 노을이 번지던 방, 장마 때면 침대 다리가 물에 잠기던 방, 정전이 잦던 방, 그가 들어오고 싶어했던 방, 방…, 방들. 그 많은 방에 나는 내 20대를 골고루 부려놓았다"고 말했다.

20대에게 방은 단순한 공간 이상의 의미를 가진다. 독립의 상징이기도 하지만, 시시때때로 옮겨 다녀야 하는 그들의 방은 20대의 불확실성을 상징하는 공간이기도 하다. 너무 낮거나 높거나 덥거나 추운 곳에 자리 잡은 그들의 방은 20대의 '가난'을, 그 작은 공간 안에 화장실과 싱크대, 신발장까지 욱여넣고 디지털 도어록으로 밀봉해버린 그들의 방은 '고립'을 보여준다.

20대의 방을 다룬 다큐멘터리 영화 〈자기만의 방〉(2010)과 〈방, 있어요?〉(2009)도 만들어졌다. 영상에는 끊임없이 '재개발'하는 도시 속에서 끊임없이 '자기계발' 하는 사람들 사이에서 불안해하는 20대의 모습이 그들이 사는 방과 함께 담겨 있다. 〈방, 있어요?〉를 찍은 석보경 감독은 "처음에는 '20대와 불안'이라는 키워드로 영화를 만들고 싶었는데, 어느 순간 그 주제가 '방'이라는 공간으로 수렴되더라"고 말했다. 두 영화에는 모두 '어떻게 하자'는 답이 없다. 〈자기만의 방〉의 심민경 감독은 "방에 누워 있으면 스멀스멀 기어 올라오는 불안감, 이것을 서로 고백하고 바라보며 공감해야 한다는 생각으로 영화를 만들었다"고 말했다.

방을 두고 싸우는 '20대 주거권 운동'도 조금씩 떠오르고 있다. 2010청년유권자행동과 대학생유권자연대 '2U'가 2010년 지방선거 후보들에게 제안한 10대 정책공약 가운데는 "반값 기숙사를 짓게 하라"는 요구도 있었다. '자취방 저금리 대출'을 선거 공약 중 하나로 내세웠던 연세대 47대 총학생회는 지방선거에 출마한 서울시장과 서대문구청장 후보들에게 신촌 인근에 20대를 위한 싸고 질 좋은 임대주택을 짓자는 '20대 임대주택안'을 제안했다.

우리의 '가난'을
이야기했으면 좋겠다

성공회대 노숙 모임 '꿈꾸는 슬리퍼(sleeper)'도 세상에 20대의 방 문제를 던지는 집단 가운데 하나다. 2010년 4월부터 매주 수요일과 목요일에 열리는 이 모임에서, 학생들은 캠퍼스 안에 텐트를 친 채 그 안에서 밥 먹고 잠자고 영화 보고 친구들과 수다를 떤다. 우리의 가난을 이야기했으면 좋겠다는 취지다. 집과 학교가 멀어 방을 구하려다가 그 가격에 놀라 '20대의 공간'에 대해 고민하기 시작했다는 정훈 씨(29)가 이 모임을 제안했다. 그는 모임의 성격을 알리는 벽보에 이렇게 썼다. "왜 난 방을 가질 수 없지? 난 가난한 건가? 가만, 이건 나만의 이야기가 아니잖아? 우리들의 가난을 보여주고 이야기하는 공간(방)이 있다면 좋겠다. 가난해서 소외되는 공간이 아니라, 가난해도 누릴 수 있는 대안 공간이 있었으면 좋겠다."

하지만 이들은 주거권 '운동'에는 조금 비껴갔다. 그렇게 새로운 방을 만들고 또래에게 동참할 것을 요구하면서도, '꿈꾸는 슬리퍼'는 자신들의 행동이 '농성'이나 '운동'으로 비치지 않기를 희망했다. "20대의 방 문제에 대해 너무 문화적·감성적으로만 접근하면 제3자적 평론만 남게 된다"고 염려한 노회찬 당시 진보신당 대표의 말처럼, 전략적인 선택이 아닐 수도 있다. 그럼에도 많은 20대는 일단 '내 방' 얘기를 하고 '네 방' 얘기를 듣는 데서부터 시작하려 했다. 그렇게 해야 꽉 닫힌 방문이 조금씩 열린다고 믿고 있었다.

2010년 5월

"내 방 얘기 한번 들어볼래?"

'집'이 아니라 '방'에 산다고 생각하는 서울 젊은이 6명의 이야기를 들어봤다. 이들은 배를 곯은 적도 없고 고등교육도 받았다. 더러는 비싼 방에도 산다. 하지만 이들이 전하는 방 이야기는 '화려한 싱글'의 생활과 거리가 멀다.

"화장실과 창문은 포기 못 한다"

양예슬(27, 7년째 방살이, 공무원시험 준비)

그간 여러 방을 옮겨 다녔다. 자매가 사는 빌라에서 월 20만 원에 방 하나를 빌려 산 적도 있고, 창문은 있되 빛은 안 들어오는 방에도 살았다. 한번은 보증금 100만 원에 월세 28만 원짜리 고시원에 들어갔는데, 옆방 남자의 코 고는 소리 때문에 4만 원을 더 주고 다른 방으로 옮겼다. 방을 옮길수록 '포기할 수 없는 것들'만 늘어갔다. 개인 화장실과 큰 창문은 절대 포기할 수 없었다. 지금 사는 방은 이 동네에서 유일하게 창문으로 하늘을 볼 수 있는 곳이어서 좀 비싸도 선택했다.

난 웬만하면 방 안에 있지 않으려 한다. 부모님께 손을 벌려 보증금 100만 원에 월세 33만 원을 치르고 있지만 여긴 내 '쉼터'가 아니다. 에어컨이 책상 바로 앞 얼굴 자리에 있어, 에어컨을 틀면 책상에 앉을 수가 없다. 또 작은 창고가 방 한구석에 있어 마음에 들었는데, 알고 보니 여기에 곰팡이가 엄청나게 증식한다. 겨울옷들을 거기에 뒀는데 무서워서 꺼내보지도 못하고 있다. 공부는 도서관에서, 독서와 인터넷 서핑은 근처 카페에서 한다. 커피를 엄청 좋아하는데, 방에서 커피를 마시면 우울해진다.

더 좋은 방에 가고 싶은 마음은 늘 가득하지만 막연하기만 하다. 2년째 공무원 시험을 봤는데 얼마 전 안 좋은 결과를 통보받았다. 진로를 고민하는 중이다. 진로에 따라 방도 바뀔 거다. 그렇잖아도 언제든 옮기기 좋게 여기 이사 올 때 썼던 박스랑 종이가방을 창고에 고스란히 모아뒀다.

"싸고 좋은 방에 살려고 헌혈을 했다"

황의찬(26, 6년째 방살이, 소설가 지망생)

올해 초 어머니가 붓던 적금 5000만 원으로 서울 한 동네에 작은 원룸을 마련했다. 방 크기는 4평 남짓, 작은 화장실이 딸려 있다. 부모님은 지방 소도시에서 비슷한 액수의 전세금으로 35평 아파트에 살고 계신다. 서울에서 방 하나가 얼마나 비싼지 실감했다.

대학 졸업 전에는 지방자치단체가 그 지역 출신 대학생에게 제공하는 장학 기숙사인 '학숙'에 살았다. 굉장히 싸고 좋은 방이다. 월 14만 원이면 욕실과 베란다를 갖춘 2인실을 쓸 수 있었다. 기숙사라고는 하지만, 웬만한 원룸만큼 개인의 공간이 잘 보장됐다. 당연히 경쟁률이 엄청나다. 주로 학점과 집안 형편으로 입사 자격을 가르고, 아침 체조 참여율과 봉사활동 실적으로 가산점을 준다. 남학생은 비교적 느슨한 편이었지만, 여학생은 경쟁이 치열했다. 대부분 학점도 좋고 체조 참가율도 높아 봉사활동 점수에서 입사 여부가 판가름 나기 때문에, 여학생들은 방에서 쫓겨나지 않으려면 헌혈을 자주 해야 했다. 나도 학점 관리를 잘 못했다가 한 번 쫓겨난 적이 있다.

대학을 졸업하면 어김없이 학숙에서 나와야 한다. 직장을 못 구한 친구들은 다시 고향에 내려가거나 나처럼 울며 겨자 먹기로 비싼 방을 구한다. 소설가로 등단하는 게 목표지만 쉽지는 않을 것 같다. 일단은 월세를 낼 수 있는 괜찮은 일자리를 구해서 어머니께 5000만 원을 돌려드린 다음, 보증금 1000만 원에 월세 30만 원 정도 하는 방으로 옮기고 싶다.

"하숙방은 사람 냄새가 나서 싫다"

강유미(26, 6년째 방살이, 취업준비생)

내가 사는 고시텔은 주인이 방마다 위인 이름을 달아놨다. 현관에서 카드키를 대고 들어와 반짝이는 대리석 계단을 오르면서 슈바이처, 헤르만 헤세, 링컨 방을 지난다. 내 방은 만델라 방이다. 이제껏 내가 거쳐온 방 중 가장 밝고 깨끗하다. 창문이 없어서 자고 일어나면 밤낮이 구분 안 되는 방, 아래층이 인쇄소라 하루 종일 건물이 뜨겁게 달궈지던 방, 옆방 책장 넘기는 소리도 들리던 예전 방에 비하면 꽤 마음에 든다.

사실 비슷한 가격으로 하숙방을 구하면 좀 더 좋은 위치에 넓은 곳을 구할 수 있긴 하다. 하지만 하숙방은 사람 냄새가 많이 나고 독립된 공간이 보장되지 않아 싫다. 남의 가정집에 사는 듯한 찜찜함이 있다. 이런 원룸형 고시원은 아파트 같은 '바삭바삭

한' 느낌이 있어 좋다.

물론 불편한 점도 있다. 한 층에 에어컨이 딱 한 대, 복도에만 있는데 그건 주인만 아는 비밀번호를 풀어야 작동한다. 여름에 몇 번 에어컨을 틀어줬을 때 이 층의 모든 방이 그간 꼭 닫아놨던 방문을 열었다. 그래야만 에어컨 바람을 쐴 수 있기 때문이다. 그때 처음으로 이웃 방에 사는 사람들 얼굴을 봤다. 더워서 웃통을 벗은 남자도 있었고, 서로 방을 흘끗거리며 지나가기도 했다.

나는 잘 모르겠는데 고시원 방이 '국제 기준으로' 답답하긴 한가 보다. 한번은 외국인 친구가 내 방에서 사흘간 머물기로 했는데, 딱 하루 자더니 여기 더 이상 못 있겠다며 나갔다.

"돈 벌려고 월 150만 원 방에 살았다"

박근수(31, 12년째 방살이, 논술학원 강사)

원래 집도 서울인데 고등학교 졸업하자마자 혼자 살고 싶어 나왔다. 대학 때도 계속 아르바이트를 하며 방을 옮겨 다녔다. 하고 싶은 일은 따로 있다. 다만 돈을 많이 벌고 싶어 강남의 논술학원 강사를 시작했는데, 그 일에서 벗어나지 못하고 있다.

지난해 겨울은 논술 시장에 돈이 가장 많이 몰린 시기였다.

거의 눈코 뜰 새가 없어 방을 대치동에 있는 학원 근처로 옮겼다. 한 달에 150만 원을 내야 하는 단기 임대 오피스텔이었다. 지금 생각하면 하루에 5만 원꼴로 모텔보다 더 비싼 곳이었다. 15평짜리 방에는 가전제품은 물론이고 수저와 밥그릇까지 갖춰져 있었다. 옷가지 몇 벌만 들고 들어가면 되는 곳이다.

거긴 한 달에 적어도 500만 원 이상 벌지 않는 한 절대 살면 안 되는 곳이다. 이웃은 대부분 나처럼 어떤 목적을 갖고 그 방에 사는 것 같았다. 특히 유흥업소를 나가는 듯한 젊은 여성들이 많이 살더라. 나는 그곳에서 잠자면서 학원에 나가기도 하고, 방을 '영업장' 삼아 개인 과외 학생을 받기도 했다. 그렇게 한 달에 2000만 원가량 두 달을 벌었다. 아무리 비싸도 '방'은 '집'이 아니다. 그 방이 좋았으면 거기에서 계속 살았을 거다. 방은 그저 내 인생의 한 과정으로서 거쳐 가는 공간이었을 뿐이다.

"내 방은 빨래건조실"

윤미정(27, 10년째 방살이, 취업준비생)

지방의 한 국립대를 졸업하고 취업준비를 위해 재작년 서울로 왔다. 고등학생, 대학생 때에는 지방에서 한 달에 15~20만 원을 쓰며 하숙과 원룸을 전전했다. 서울에 와서는 이모네 방 하나를 빌렸다. 방 하나는 이모 내외와 사촌 동생이, 나머지 하나를 내가 쓴다. 형편이 안 돼 방값을 전혀 못 준다. 몇 달만 신세 지다가 따로 방을 구해 나가야겠다고 생각했는데, 벌써 3년째다.

사실 한 번 나갔다가 돌아온 경험이 있다. 낡은 고시원에서 한 달을 살았다. 고시원 총무 일을 하면 방값 25만 원을 면해준다고 했다. 낮에 전화를 받고 세금계산서를 떼는 일을 하고 밤에 창문이 없는 방에 들어가 잠을 잤다. 한 달간 관 속에 사는 것 같았다. 낮에도 눈물이 났다. 이모에게 전화해서 아무래도 다시 들어가야 할 것 같다고 말했다. 이모는 아무 대답이 없었다.

지금 내 방은 빨래건조실이다. 매일 이모네 식구의 빨래가 널려 있다. 이모네 겨울옷과 잡동사니도 다 여기 있다. 내 짐은 작은 책장과 옷걸이뿐이다. 돈도 안 받고 방을 하나 내어준 이모가 고맙긴 하지만 가끔 내 신세가 서러울 때도 있다. 취업이 되자마자 조그만 방을 구해서 나갈 거다. 물론 고시원은 제외하고. 지금은 어마어마한 방값 때문에 나갈 엄두가 안 난다.

2008년 10월

기숙사에 사는 당신,
주거 인권은 안녕한가요?

대학생 ㄱ씨의 기숙사 통금 시간은 새벽 1~5시다. 그 시간에 기숙사 출입 카드를 찍으면 벌점이 생기고 정해진 벌점 이상 쌓이면 방을 빼야 한다. 그래서 친구들과 술 마시며 놀다가 새벽 1시를 넘긴 날이면 ㄱ씨는 아예 술을 진탕 마셔버린다. 집에 가겠다는 친구들을 붙잡다 하나둘 떠나보내고 혼자 남은 ㄱ씨는 학교 근처 친구의 자취방 문을 두드리거나 하릴없이 거리에 앉아 시간을 보낸다. 기숙사 인근 편의점은 밤새 ㄱ씨처럼 갈 곳 없는 처지의 학생들로 왁자지껄하다.

대학생 ㄴ씨는 기숙사 자동판매기에서 유통기한이 지난 과자를 뽑아 먹은 적이 있다. 날짜를 보고 조금 망설이다가 그냥 먹었다. 어디에 신고하거나 민원을 제기하지도 않았다. 과자나 라면 외에 휴지 등 생필품을 파는 자동판매기가 있으면 편리하겠다는 생각을 했지만, 누구에게 어떻게 의견을 전달해야 할지 몰라서 아무런 행동도 하지 않았다.

대학 기숙사는 지금껏 양적인 측면에서만 이야기돼왔다. 질적인 문제가 떠오른 적은 없다. 학생 대비 수용률 자체가 워낙 낮기 때문이다. 대학알리미 통계에 따르면 2017년 대학 기숙사 수용률은 전국 21퍼센트, 수도권 16퍼센트다. 수용률 10퍼센트에도 미치지 못한 대학 14곳이 모두 수도권에 있다.

그렇다면 정작 바늘구멍을 통과해 들어간 대학 기숙사생들의 삶은 어떠할까? 기숙사생들의 주거 인권은 괜찮을까? 희망제작소 일상센터는 2017년 12월부터 5개월 동안 서울시 용역을 받아 「대학생 거주 기숙사 인권 실태조사」를 벌였다. 서울시 소재 28개 대학 기숙사와 공공 기숙사의 사칙을 살피고 그곳에 거주하는 대학생 596명에게 설문 답변을 받았다. 심층 인터뷰도 27회 진행했다.

대학 기숙사는 적어도 겉으로 보았을 때, 심각한 인권침해가 일어나는 열악한 주거지는 아니다. 학생 만족도가 매우 높다. 심각한 갈등과 충돌도 눈에 띄지 않았다. 하지만 표피를 한 겹 열고 들어가 살펴보면 그 안에는 '포기'한 대학생이 있다. '청춘' '낭만' '민주주의' '화합' '자치'는 이제 대학 기숙사를 수식하는 단어가 아니다. 그 자리를 채운 건 규율, 경쟁, 차별, 자기검열, 포기, 회피였다.

대학생,
스스로 '사감'이 되다

서울 지역 대학생 거주 기숙사 대부분은 통금 시간을 운영한다. 새벽 0~5시, 1~6시 등 시간대는 다양하지만 입실 시간을 넘기면 벌점을 부과하는 방식은 비슷하다. A대학 기숙사는 학생 출입 전산자료를 부모에게 문자와 메일로 보내고, B대학 기숙사는 남학생과 여학생에게 각각 다른 규정을 적용한다. 남학생은 통금이 없지만 여학생은 새벽 2~5시 출입 제한 시간을 둔다.

점호 규정도 아직 대부분의 학교에 남아 있다. 매일 실시하거나 주 3~4회 하는 곳도 있다. 불시 점검도 한다. 점호 시간에 기숙사생들은 방 밖에 나온 채 사감이나 조교에게 방 안의 물건과 청소 상태 등을 확인받아야 한다. 커피포트나 전기장판은 물론 맥주 한 캔, 심지어 악기를 소지한 경우에도 벌점이 부과된다. 기숙사생의 생체 정보를 요구하는 곳도 있다. C대학 기숙사는 지문, D연합 기숙사는 안면, E대학 기숙사는 정맥 인식기를 설치해 기숙사생 출입 관리에 활용한다.

이런 인권침해 규정에 기숙사 거주 대학생들은 크게 개의치 않는다. '출입, 외박 통제'와 '벌점제도' 등을 가장 심각한 인권 문제로 꼽지만 대부분 그 규정들에 불만이 없다. '기숙사 출입 및 외박에 대한 허용 또는 제한 기준이 합리적이다'라는 문항에 80.9퍼센트, '불시 점검이나 소지품 검사 등 개인의 프라이버시를 침해하는 일이 없다'에 89.8퍼센트, '학생의 지문이나 홍채 등 생체 정보 수집과 사용은 합리적이다'라는 문항에 90.5퍼센트가 긍정했다.

그나마 불만을 가진 학생이라면 이제 막 기숙사 생활에 눈을 뜬 새내기일 확률이 높다. 통금이나 점호 등의 규정이 '합리적이지 않다'고 답한 비율은 입실 3~6개월의 대학생이 가장 높았다. 입실 이후 첫 석 달을 정신없이 보내다가 문제점을 하나둘씩 인식하는 시기다. 거주 기간이 6개월을 넘긴 학생의 경우 인권침해 문제의 심각성을 인식하는 비율이 확 떨어졌다. 이미 적응한 것이다.

규율에 익숙해진 다음 기숙사 거주 대학생들은 이를 내면화한다. 개개인이 기숙사 사감이 된 기숙사생들은 종종 학교 당국보다도 더 엄격하다. F대학 기숙사 행정실 직원은 "인권 개선을 위해 통금을 완전히 없애려고 설문조사를 진행했다. 그런데 존치 의견이 약간 더 많아서 기존 통금 시간을 한두 시간 줄이는 것으로 결정했다"고 했다.

규율이 없다고 쉽게 엉망이 되지는 않는다. G대학 기숙사는 '최소한의 규제'라는 원칙 아래 오래전부터 통금, 외박, 외부인과 이성의 출입, 음주 등에 대해 별다른 제한을 두지 않았지만 문제가 발생하지 않았다. 규율의 효용성도 의문이다.

H대학에 다니는 한 기숙사생은 "통금이 유명무실하다고 생각한다. 새벽 1시까지 못 들어오면 5시까지 그냥 밖에 있다가 들어가면 된다"고 했다. 같은 대학의 다른 기숙사생은 "다들 조금씩

규칙을 위반한다. 친구들이 방에서 술 마시는 걸 본 적이 있다. 그런데 솔직히 술은 오히려 안에서 마시는 게 안전하지 않나?"라고 반문했다.

남의 벌점은 나의 상점

징계 기준은 때로 모호하고 자의적이다. I대학 기숙사는 '기숙사 관리자 및 사감 조교에 대한 무례한 행위(불손한 어투 등)'에 벌점 5점을 내린다. '정당한 이유 없이 공동행사 및 점호 불참' '복장 불량 및 현저한 풍기문란 행위'도 벌점 5점이다. '음모, 모의' 행위에 최소 벌점 50점에서 퇴실까지 징계를 규정한 대학 기숙사도 있다. J대학 기숙사는 규정상 '기타 단체생활 부적격자'를 얼마든지 퇴실시킬 수 있다.

문제가 많은 규정임에도 학생들은 적극적으로 이에 이의를 제기하지 않는다. 오히려 규율의 수호자가 된다. 학생이 학생을 감시하고 신고한다. K여대 기숙사에서는 현관에 기숙사생의 남자친구가 배웅하러 온 모습을 보고 누군가 '외부인 동반 출입'으로 하여 CCTV를 돌려보며 확인을 거쳤다. L대학 한 기숙사생은 술에 취해 공용 냉장고에 있던 남의 샌드위치 한 조각을 먹었다가

CCTV 확인 뒤 퇴실당했다.

대학생들은 이런 '탈락'에 익숙하다. 잘못이나 실수를 하면 기회를 잃는 것이 당연하다고 받아들인다. M대학 한 기숙사생은 "기숙사 경쟁률이 높아 탈락자를 만들기 위해서라도 이런 규정들이 필요하다"고 말했다. 남의 '벌점'은 나의 '상점'으로 이어지기도 한다. N대학 기숙사는 흡연자를 신고하는 학생에게 상점 2점을 부여한다. 남들의 상점이 높아지면 내가 벌점을 받는 것이나 마찬가지다 보니 학생들은 생활 조교가 상점을 남발하는 경우 이를 행정실에 신고하기도 한다.

'경쟁'은 대학 기숙사를 지배하는 주요 정서다. 입소 과정에서부터 기숙사생들은 치열한 경쟁을 거친다. 성적 우수, 학과장 추천, 학업 충실, 품행 단정 등의 자격 조건을 통과한 사람만이 (비교적) 싸고 학교에서 가까운 대학 기숙사에 거주할 수 있다. 성적이라는 하나의 잣대로 줄 서서 경쟁하는 기숙사 입소 방식 외에 다른 방법을 누구보다 학생과 학부모 들이 용납하지 않는다. O대학 기숙사 행정실 직원에 따르면 "학생들이 기숙사를 장학금처럼 성적에 대한 보상으로 생각하는 경향이 강하다. 학점 기준을 없애고 싶었지만 학생들 의견은 다르다. 총학생회가 진행한 의견 수렴 결과 기숙사 입소 학점 기준이 4.5점 만점에 3.9점으로 나오기도 했다"고 한다. P대학 기숙사 행정실 직원은 "1학년 1학기 신입생 외에는 성적순으로 학생을 뽑고 있다. 무작위 방식으로 선발하는 것에 대해 부모들이 받아들이기 어려워한다"고 말했다.

차별?
나는 모르겠는데?

적어도 다수 학생들의 인식으로는 대학 기숙사에 차별이 존재하지 않는다. '성별, 종교, 출신 국가, 성정체성과 지향 등에 따른 기숙사 내 차별이 존재하지 않는다'는 문항에 96.1퍼센트가 긍정했다. '장애 학생들이 불편 없이 기숙사를 출입하거나 시설을 이용할 수 있다'는 문항에도 75.0퍼센트가 그렇다고 답했다.

하지만 소수자의 이야기는 다르다. 출신 지역별로 나눠보았을 때 '기숙사에 차별이 존재한다'고 답한 비율은 국내 학생에 비해 외국 학생이 두 배 이상 높았다. 이를테면 음식 등 문화 차이를 배려하지 않는 것도 어떤 이들에겐 차별 요소로 작용한다. Q대학에 다니는 무슬림 유학생 ㄷ씨는 기숙사 입소 후 두 달 동안 몸무게가 4킬로그램이 줄었다. 식당에서 자신이 먹을 수 있는 음식을 찾기가 힘든데 기숙사에서는 조리는커녕 음식 배달도 금지돼 있다. ㄷ씨는 기숙사 내에 공용 부엌, 아니 공용 냉장고라도 구비되기를 원했다.

장애인에게도 아직 대학 기숙사의 문턱이 높다. 기숙사 건물 내에 아무리 장애인 시설을 갖춘들 학교 강의동까지 오가는 길은 여전히 경사진 비탈길에 계단투성이다. 기숙사 입소 기회를 얻어도 포기하는 지체장애인이 많다. R대학 기숙사에 거주하는 한 장애인 학생은 "통행을 도와주는 친구가 '차라리 내가 널 업고 가는 게 빠르겠다'고 이야기할 정도다"라고 말했다. 기숙사에 만약 화재가 발생하면 청각장애인은 화재경보기 알림음을 들을 수 없다. S대학 기숙사에 거주하는 한 장애 학생은 불빛으로 화재 발생을 알리는 경보기 설치를 건의했지만 성사되지 않았다.

여학생 기숙사와 남학생 기숙사로 양분되어 있는 양성 기숙사 체제도 누군가에게는 차별이 될 수 있다. T대학의 한 학생은 기숙사 측에 성소수자를 위한 1인실이나 성중립방을 요구했지만 받아들여지지 않았다. U대학 행정실 직원은 "최근 성소수자임을 밝히며 기숙사 입주를 원하는 한 외국인 학생이 있었다. 아직 관련 규정이 없고 학생들의 의견도 수렴해야 하는 어려움 때문에 1년 정도 준비가 필요하다고 답했다"라고 말했다.

학생 자치?
경험 없고 방법도 모르지만…

'인권 문제 등 공식적으로 민원을 제기한 경험이 있느냐'는 질문에 93.5퍼센트가 없다고 답했다. 기숙사에 불만사항이 있으면 주로 '대나무숲'이나 '에브리타임' 같은 인터넷 익명 게시판에 털어놓는다. 많은 학생들은 의견 개진을 위한 카카오톡 오픈 채팅방이나 쪽지함 같은 통로가 있었으면 좋겠다고 말하면서도 꼭 '익명'이어야 한다는 조건을 달았다.

대학 기숙사에는 학생들의 의견 개진이나 집단활동을 검열하는 제도가 여전히 존재한다. V대학 기숙사는 행정실이 검수하여 확인 도장을 찍은 학생활동 게시물만 부착할 수 있다. W대학 기숙사에서 허가받지 않은 게시물·낙서·광고물을 무단으로 전시·배포하면 벌점 2점을 받는다. 이 밖에도 기숙사생들이 집회나 행사를 열려면 사전 신청과 승인을 거쳐야 하며, 이를 어길 경우 강제 퇴실 조치되기도 한다.

기숙사 자치회도 없거나 유명무실한 경우가 많다. '학생들이 주체적으로 활동을 기획·진행할 수 있는 기숙사 학생 자치회가 있느냐'는 질문에는 절반 이상(57.6퍼센트)이 모른다고 답했다. 대부분 존재의 유무조차도 모르니 '기숙사 자치회 활동에 참여한 경험이 있다'는 비율이 4.6퍼센트에 그치는 것도 당연하다. X대학 행정실 직원은 기숙사 학생 자치활동이 저조한 이유에 대해 이렇게 말했다. "우리는 기숙사 성적 가이드라인이 너무 높아서 학생들이 공부하느라 바쁘다."

하지만 욕구가 없는 건 아니다. '기숙사 규칙 및 생활 수칙 등을 개선하기 위한 활동에 참여할 의향을 묻는 질문에 64.3퍼센트가 참여 의사가 있다고 답했다. 이런 참여 욕구는, 아무래도 이미 경험해본 이들이 더 많이 느낀다. 규칙 등 개선활동에 참여한 경험이 있는 학생 중 90.4퍼센트는 이후에도 참여할 의지를 보였다. 실제 일부 대학 기숙사에서는 학생 교류와 사칙 개정 등 학생들이 스스로 대학 운영에 참여하는 활동을 통해 기숙사 주거의 질을 높이기도 한다.

주거 만족도는 높지만 찜찜한 이유

설문 결과 서울 대학생 거주 기숙사 주거 만족도가 높은 것을 보고 이런 질문이 나올 법하다. "만족한다는데? 별 문제 없는 거 아냐?" 기숙사 생활 만족도를 묻는 질문에 90퍼센트가 만족한다고 답했다. '매우 만족' 비율도 20퍼센트가 넘는다. 대학 기숙사 자체 조사 결과도 비슷하게 나온다. Y대학 기숙사 조교는 "자체 이용자 만족도를 조사했을 때 200점 만점에 180점 이상이었다"고 했고, Z대학 행정실 과장은 "매 학기 만족도 조사를 하는데 항상 90점 이상의 점수가 나온다"고 말했다.

하지만 대학 기숙사 구성원들은 진짜 이유를 알고 있다. "기숙사에 들어온 것 자체가 운이 좋은 일이다." "경쟁률·거리·비용 등을 생각하면 불편함을 감수하게 된다." "들어온 사람은 만족도가 높을 수밖에 없다. 일단 자취하는 것보다 엄청 싸다." "안전 때문에 기숙사를 선택했다. 자취하면 무서울 것 같다." 기숙사 입소 기회가 바늘구멍인 상황이 역설적으로 기숙사 주거 질 개선을 가로

막는 형국이다. 한 학생은 말했다. "애초에 눈을 많이 낮췄다. 자유를 추구했으면 자취를 택했을 것이다. 편하게 학교 다닐 수 있으니까. 문제점을 알지만 무감각한 척하는 것일 수도 있다."

대학 기숙사의 높은 만족도는 동시에 기숙사를 제외한 나머지 주거 환경의 열악함을 입증한다. 학생들이 기숙사가 만족스러운 이유로 꼽는 '저렴한 비용' '건물 경비와 치안' '냉난방 시설' '주거 면적' '출입 관리' '식당' 등은 일반 청년 주거의 빈 구멍을 그대로 보여준다. 비싸고 위험하고 좁고 춥고 덥고 배고픈 고시원·원룸·옥탑방을 피하게 해준 기숙사를, 학생들은 대학 교육에서 당연히 누려야 할 권리가 아닌 '감사하고 황송해서 불만 따위 가지지 말아야' 할 특혜나 선처로 인식하고 있었다.

이들은 사회를 향해 기숙사 주거의 양과 질을 개선하라는 요구를 하는 대신, 자신과 또래 친구들을 원망하는 방식으로 불만을 '가둔다'. 비교적 싸서, 어렵게 거주 기회를 얻어서, 밖에 나가면 훨씬 더 비싸고 좁고 위험하기 때문에 학생들은 기숙사의 불편과 부당함을 견디고 있었다. 무너진 대학 공동체와 내면화된 경쟁 논리 역시 연구 결과에서 확인할 수 있었다. '기숙사에 사는 당신의 인권은 안녕하냐'는 질문에 "안녕하다"라고 대답하는 대학생들을 보며 찜찜한 이유가 여기에 있다.

2018년 8월

정말로 기숙사에 규제가 필요한가

정창기 희망제작소 일상센터장은 "기숙사에 남아 있는 규제가 문제라는 사실을 대학들이 알면서도 방치한다"고 지적했다. 학생을 통제와 훈육의 대상으로만 본다는 것이다.

정창기 센터장을 포함한 「대학생 거주 기숙사 인권 실태조사」 연구진은 올해 봄 내내 서울시 28개 대학·공공 기숙사를 돌며 발품을 팔았다. 기숙사 거주생을 직접 만나 설문지를 돌렸다. 표본 수 596명의 설문조사 결과를 토대로 기숙사생, 조교, 행정실 직원, 대학 인권센터 관계자와 심층 인터뷰를 진행했다. 기숙사 주거 인권에 대한 내밀한 이야기는 그렇게 나왔다.

설문 결과 수치만 놓고 보면 기숙사 주거 인권 문제가 심각하지 않은 것 같다

대학생 주거 상황 자체가 너무 열악해 상대적으로 기숙사가 좋아 보이는 것이다. 또 기숙사 입주율 자체가 너무 낮다. 학생들 스스로 인권에 대한 문제를 더 민감하게 받아들이는 것을 방해하는 요소다.

가장 문제로 인식되는 것은 무엇인가?

'기숙사에 남아 있는 규제가 진짜 필요한가'에 대한 근본적인 문제 제기가 없다. 낡은 규정이 수십 년간 바뀌지 않은 채 유지되고 있다. 학교는 이런 규제가 문제라는 사실을 알면서도 방치한다. 규제를 통해 통제할 수 있기 때문이다. 학생을 자기결정권을 가진 주체로 보지 않고 통제와 훈육의 대상으로 여기는 것이다.

학생들은 기숙사 입소와 탈락에서 경쟁 논리를 당연시한다

기숙사를 무엇으로 보느냐의 문제다. 학생들의 기숙사 입주가 기본권이지만 현실적인 여건상 어렵다고 보는 시각이 첫 번째, 대학생 기숙사는 사실상 하나의 서비스나 일종의 장학금이라고 생각하는 시각이 두 번째다. 후자의 경우 성적이 기준이다. 그런데 그게 전부가 아니지 않나. 어떤 학생은 학점은 낮지만 다른 분야 교양은 높을 수 있고 공동체 생활에 필요한 사회성이 뛰어날 수도 있다. 공공성이 낮아진 대학들이 성적과 취업을 학생을 판단하는 잣대로 사용하니 학생들까지 그 기준을 공정하다고 받아들이는 상황이다.

기숙사 운영에 학생 참여가 저조하다

자치회 등 학생 참여를 기숙사 행정의 효율성을 위한 수단으로 인식하는 태도에서 벗어나야 한다. 주체 대 주체로서 문제 인식을 하고 같이 해결하는 권한을 가져야만 학생들도 참여하는 데 효능감을 느낀다. 권한을 가지면 책임도 학생 스스로 진다는 측면에서 학교로서도 좋다.

대학생 기숙사 주거 인권 개선을 위해
대학·정부·지자체는 어떤 노력을 해야 하나?

기숙사를 늘리기 위해 대규모 단일 건물 기숙사, '우리 학교' 기숙사를 고집하던 관행을 버려야 한다. 대학 근처 빈 건물을 매입하거나 임차해 만든 기숙사나 여러 학교의 학생들이 함께 거주하는 연합 기숙사 등 다양한 형태의 기숙사가 많이 만들어져야 한다. 교육부는 대학을 평가할 때 기숙사 수용률만 확인하는데, 인권침해 요소 등이 있는지를 보는 질적 기준도 추가해야 한다. 지방정부는 기숙사 확충에 지방민들 눈치를 많이 보는데, 그러지 말고 적극 중재자 구실을 해야 한다.

2018년 8월

앞날을
헤아릴 수 없는 삶

2008년 12월, 나는 부산 자갈치 시장에서 '청년 백수 MB맨'을 찾고 있었다. 1년 전 겨울 자신을 청년 백수 이영민이라고 소개한 이 청년은 텔레비전에 나와 이명박 후보의 지지를 호소하던 찬조 연설자였다. 부산에서 전문대를 졸업한 뒤 1년간 지원서 100장을 쓰고도 취직을 못 했다고, 아버지는 1997년 외환위기 때 사업이 망하자 몸져누웠으며, 어머니는 차가운 시장 바닥에서 반찬을 파는데, 장남인 자신은 돈 한 푼 못 벌고 있으니 환장하고 미칠 지경이라고 울먹였다. 20분간 연신 "살려주이소"를 외친 그는 연설 말미에 눈물을 닦고 힘주어 외쳤다. "저는 비정규직의 설움, 청년 백수의 불안을 누구보다 잘 아는 사람, 우리에게 일자리를 만들어줄 수 있는 사람에게 제 소중한 한 표를 던질 겁니다. 이명박 후보, 전 당신을 믿습니다."

이명박 후보가 이명박 대통령이 된 지 1년이 되어가던 때였다. 외환위기 이후 청년 실업률이 사상 최고로 치솟고 민간과 공기업에서는 대규모 구조조정으로 있는 일자리마저 줄일 태세였다. '비정규직의 설움을 누구보다 잘 아는 후보'라며 청년 백수가 눈물로 지지하던 이명박 정부는 당시 비정규직 사용 기간을 2년에서 4년으로 늘리고 최저임금을 낮추는 노동법 개정안을 추진했다. '청년 백수' 영민 씨의 근황을 궁금해하는 사람이 부쩍 늘어났다. "어서 정권이 바뀌어서, 누가 어머니께 '당신 아들 어디 다니냐'고 물었을 때 어머니가 당당하게 대답할 수 있었으면 좋겠다"던 영민 씨는 그때 그 소원을 이뤘을까?

여러 소문들이 돌아다녔다. 대선이 끝나자마자 서울 인근의 한 기업 CEO가 영민 씨에게 연락해 곧바로 취업이 됐다, 세간의 관심이 부담스러워 어딘가로 잠적했다…, 심지어는 『조선일보』에 입사했다는 루머도 떠돌았다. 영민 씨는 공인이 아니니 사생활을 침해하면 안 된다는 의견과 '청년 백수'의 대표 격으로 이명박 대통령 지지를 호소한 만큼 적어도 '지금 취직을 했는지, 또 이 대통령에 대해 어떻게 생각하는지' 두 가지 정도는 밝힐 필요가 있다는 의견이 맞섰다.

나는 다만 정확한 사실이 궁금했다. 그를 만날 수 있다면 직접 이야기를 들어보고 싶었다. 선거 캠프 관계자 등 그와 접촉한 사람들에게서 정보를 얻을 수 없었기에 무작정 부산에 갔다. 그가 말하던 가족 관계가 사실이라면 그의 어머니 소식이라도 아는 사람이 있지 않을까 하며 자갈치 시장으로 향했다. 큰 기대는 안 했지만 역시 허사였다. "혹시 시장 상인 아드님 가운데 이명박 대통령 찬조 연설하신 분 아시나요?" 그의 사진을 보여주며 이리저리 다녔지만 모두 고개를 저었다.

별 소득 없이 서울행 기차표를 끊으려고 하다가 사건사고 뉴스 하나가 눈에 들어왔다. 20대 여성이 납치당했다는 신고가 들어와 수사를 벌였는데, 알고 보니 자작극이었다는 소식이었다. 카드빚 때문이라고 했다. 사건 발생 장소는 부산이었다. 청년 백수 이영민 찾기는 실패했지만 이 나라에 사연 많은 청년 백수는 이영민뿐만이 아니었다. 담당 경찰서로 향했다. 그때 썼던 기사를 소개하며 돈 없고 한 많은 청년들의 이야기를 시작하고자 한다. 역시 짧게는 2년 전, 길게는 9년 전 작성했던 기사들이지만 2018년으로 바꿔 읽어도 하등 다를 게 없다.

목숨을 끊거나
강도짓을 하거나

2008년 12월 24일 새벽 3시께, 부산 해운대구에 사는 김숙희 씨 휴대전화에 전화 한 통이 걸려 왔다. "엄마, 무섭다. 여기가 어딘지 모르겠다." 딸 장미경 씨(25)가 흐느꼈다. 10분 뒤 문자 메시지가 도착했다. '따님 ○○은행 통장으로 내일 1시까지 2000만 원 넣으세요.'

숙희 씨는 경찰에 신고했다. 부산 해운대구·금정구·연제구·동구 경찰 500여 명이 비상 소집됐다. 형사들은 모텔촌을 샅샅이 뒤지고, 해운대구 일대 금융기관과 현금 인출기 근처에서 범인을 기다렸다. 12월 25일 오후 2시께, 경찰은 한 은행 지점에서 숙희 씨가 보낸 현금을 인출하려는 범인을 체포했다. 납치범은 없었다. 경찰에 잡힌 인물은 납치당한 줄로만 알았던 딸 미경 씨였다.

미경 씨는 카드빚 1400만 원을 갚기 위해 납치 자작극을 벌였다고 경찰 조사에서 밝혔다. '일을 하면 금세 갚을 수 있을 줄 알았던' 빚이 자꾸 쌓이고 쌓여 감당할 수 없었다고 했다. 카드로 돌려 막고 사채를 쓰다 보니 950만 원이 금세 1400만 원으로 불어났다. "도저히 엄마에게 돈을 달라고 할 수 없어" 납치 자작극을 택했다.

미경 씨는 2007년 2월 외국계 대출회사에 입사했다. 어찌 됐든 금융계니 돈을 많이 벌 수 있으리라 생각했다. 하지만 회사는 실적을 올리는 사원에게만 돈을 줬다. 자작극을 벌인 당시, 미경 씨는 첫 직장에서 나와 부산 시내 한 스포츠용품 가게에서 일하고 있었다. 정규사원과 준사원으로 나뉜 그곳에서 미경 씨는 비정규직 준사원이었다.

왜 20대는 극단을 선택하는가

'인생의 황금기 20대'는 이제 옛말이다. 청년 실업과 경기 침체가 장기화하면서 수많은 청년이 사회면 사건·사고 기사의 주인공이 되었다. 부모를 상대로 납치 자작극을 벌이는가 하면, 생활이 어려워 강도짓을 벌이는 등 '극단'을 택하는 청년이 늘어났다. "대졸 실업자나 실직자가 현 정부나 체제에 대한 위협 세력이 될 수 있다"는 예전 청와대 인사의 말처럼, 이들은 장차 한국 사회의 위협 세력일 수도 있다. 하지만 위험하다고 경계하거나 나약하다고 손가락질하기 전에, 먼저 그들의 사연을 들어봐야 한다. 왜 20대는 극단의 선택을 하는 걸까.

미경 씨가 경찰에 잡힌 크리스마스 다음 날, 충북 청주시에서는 생활고를 이기지 못한 20대 남성이 스스로 목숨을 끊었다. 특별한 직업 없이 공사판에서 막노동을 하며 살아온 청년이었다. 청년 자살의 가장 큰 원인이 바로 일자리다. 청주의 사례 말고도 취업 문제로 고민하던 젊은이들의 자살 소식이 최근 줄을 이었다. 2008년 11월에는 공무원 시험을 준비하던 서울의 20대 여성 두 명이 각각 자신의 집에서 스스로 목숨을 끊었다. 12월에는 서울의 한 회사에 어렵게 취직했다가 경상도 사투리를 자주 지적받자 직장을 그만두고 내려온 부산의 한 4학년 여대생이 아파트 복도에서 뛰어내려 숨졌다. 2008년 통계청 조사에 따르면 "직장 문제로 자살 충동을 느낀다"고 답한 20대는 23퍼센트로, 1~10퍼센트에 못 미치는 다른 연령층에 비해 압도적으로 많았다.

부산에서 납치 자작극이 벌어지고 청주에서 20대 청춘이 목숨을 끊은 2008년 크리스마스 언저리, 강원도의 어떤 20대는 택시 강도가 됐다. 12월 26일 강원 동해시의 최정원 씨(25)는 택시 기사를 흉기로 찌르고 현금 5만 원과 신용카드를 빼앗아 달아났다. 경찰에 따르면 4년제 대학을 중퇴한 정원 씨는 동거녀와 갓 태어난 아기의 생활비를 마련하려고 강도짓을 저질렀다고 한다. 일자리를 구하지 못한 정원 씨 대신 경비 일을 하는 그의 아버지가 그간 다섯 식구의 생계를 책임졌다. 난생처음 범죄를 저지른 정원 씨는 살인미수죄로 강릉교도소에 구속 수감됐다. 2009년 1월 8일에는 경남 진주의 이선무 씨(24)가 택시 강도짓을 벌이고 3시간 뒤 경찰에 자수했다. 선무 씨는 경찰 조사에서 "최근 수전증 때문에 일자리를 잃은 뒤 취직하기 힘들어 차라리 교도소에 가고 싶은 마음에 일을 저질렀다"고 말했다.

"실업자로 사느니 교도소 가겠다"

통계는 아직 이 모든 걸 담지 못한다. 2007년 「경찰백서」에 기록된 범죄자 160만 명 가운데 26~30세 성인이 차지하는 비율은 10퍼센트 정도로 예년과 크게 다르지 않았다. 다만 해마다 줄던 청년 절도범 수가 2006년 이후 다시 늘어나고 있다는 점 따위가 눈에 띌 뿐이다. 한국형사정책연구원 황지태 연구원은 "중·고졸 실업자가 많아지면 범죄율도 곧바로 증가하는 경향이 있지만, 대졸 실업자가 많은 요즘은 불황에 따른 범죄율 증가 현상이 그렇게 갑자기 나타나지는 않는다. 대졸자는 중·고졸자에 비해 경기가 나아지면 곧 취직되리라는 기대가 커, 쉽사리 범죄 시장에 들어서지 않기 때문이다"라고 말했다. 하지만 최근 그 기대마저 꺾인

20대 대졸자가 범죄의 늪에 빠지는 세태를 미연에 방지하기는 쉽지 않아 보인다.

카드 빚 때문에 부모에게 끔찍한 짓까지 한 부산의 20대 여성 미경 씨에게 납치 자작극을 벌인 2008년 크리스마스는 '인생에서 가장 추운 날'이었다. 미경 씨가 자작극을 벌이기로 결심한 건 바로 그날 새벽 퇴근길. 함께 일하던 가게 점원과 택시를 타고 오다가 동료가 먼저 내린 뒤 미경 씨는 뒤늦게 택시비가 모자란 걸 알았다. 집에서 한참 멀리 떨어진 곳에서 택시를 세운 미경 씨는 집으로 걸어가는 도중 이런저런 생각 끝에 '나쁜 생각이 들어' 우발적으로 어머니에게 거짓 전화와 문자 메시지를 남겼다. 경찰과 가족이 미경 씨를 애타게 찾는 11시간 동안, 차비도 모텔비도 없는 미경 씨는 몸을 녹일 곳을 찾아 시내를 방황했다. 추위를 피해 들어간 대형 마트 화장실에서, 백화점 휴게실에서, 지하철 역 안에서 미경 씨는 전원을 꺼둔 휴대전화를 쥐고 밤새 울었다.

2009년 1월

유모차보다 먼저 휠체어를 미는 세대

혼자서 병든 부모를 돌보는 청장년층이 늘고 있다. 윗세대의 고령화와 아랫세대의 비혼·만혼화가 빚어낸 필연적 사회현상이다. 취업·결혼·출산보다 '노부모 간병'을 먼저 만난 삶은 꽤나 위태롭다.

회사원 김성태 씨의 하루는 새벽 5시에 시작된다. 먼저 집 안에 널린 빨랫감들을 세탁기에 집어넣는다. 부엌으로 가 전날 쌓인 그릇들을 설거지한 다음 일주일에 한 번씩 시간을 쪼개 장을 본 식재료로 밥상을 차린다. 어머니의 아침식사다. 어머니는 2011년 대장암과 뇌경색을 겪었고 긴 투병 생활 중 치매가 발병했다. 아들은 누워 있는 어머니 곁에 밥상을 놓은 뒤 출근 준비를 했다. 간밤에도 여러 번 깨서 흐느끼는 어머니 탓에 잠을 설쳤다. 몇 달째 만성 수면 부족이다.

아침 7시, 성태 씨가 집을 나서면 어머니는 집에 홀로 남는다.

낮에 요양보호사가 방문해 어머니의 점심식사와 목욕을 도와준다. 보호사가 머무는 시간은 최대 네 시간이다. 홀로 남겨진 어머니는 가끔 수돗물을 틀어놓거나 가스 불을 켜놓았다. 옆집이나 아랫집으로부터 전화를 받고 근무 중 부랴부랴 집으로 달려간 적도 있었다. 회사 눈치가 보여 사직이나 휴직도 고려했지만, 어머니 병원비 때문에라도 버텨야 했다. 성태 씨가 퇴근해 집에 도착하는 시간은 저녁 8시, 간단히 저녁상을 봐드리고 나면 일단 한숨을 돌렸다. 하루가 무사히 지나갔다. 2년간 홀로 치매 어머니를 돌봤던 성태 씨는 지난 6월 어머니를 요양원에 보냈다.

늙고 병든 부모와 가난한 독신 자녀가 만났다. 성태 씨가 견뎌내고 있는 이 '나 홀로 간병'은 윗세대의 고령화와 아랫세대의 비혼·만혼화가 빚어낸 필연적인 사회현상이다. 인구 구조가 피라미드형에서 항아리형으로 바뀌면서 2017년이면 65세 이상 인구가 전체의 14퍼센트를 넘는 본격 '고령사회'로 들어선다.* 위가 아래보다 무거운 역피라미드 인구 구조는 이제 누구나 예측하는 미래다. 1970년 61.9세였던 한국인 평균수명(기대수명)도 2014년 82.4세로 늘었다.

장수하기란 몰라도 무병장수는 쉽지 않다. 65세 이상 고령자 94.7퍼센트가 병원을 드나든다. 한국보건산업진흥원 자료에 따르면, 전체 국민이 지출하는 의료비에서 고령자가 차지하는 비중은

* 통계청, 「장래인구추계 보고서」, 2014.

1999년 17퍼센트에서 2011년 38.3퍼센트로 늘었다. 고령자 한 사람이 의료비로 쓰는 돈은 한 해 평균 90만8000원에 달한다. 이 병든 노인을 돌보는 91.9퍼센트가 가족 구성원이다. 배우자(37.7퍼센트) 못지않게 아들(25.2퍼센트), 딸(20.6퍼센트), 며느리(12.4퍼센트)가 수발의 책임을 나눠 지고 있다.*

그런데 불행히도 지금 대한민국의 자녀 세대도 처해 있는 환경이 어둡다. 2016년 9월 기준, 청년 실업률은 9.4퍼센트고, 2015년 8월 기준 신규 채용 청년층 비정규직 비율 64.0퍼센트에 달한다. 남성 평균 초혼 연령은 1995년 28.4세에서 2015년 32.6세로 늘었다. 또한 2014년의 합계 출산율 1.21명으로 OECD 꼴찌 수준이다. 한마디로, 제대로 된 일자리를 구하지도, 일찍이 짝을 만나 가정을 이루지도, 훗날 본인 노후를 돌봐줄 수도 있는 자녀를 낳지도 못하는 상황이다. 취업·결혼·출산과 같은 생애주기별 임무를 건너뛴 채 '노부모 간병'이라는 후순위 과제를 가장 먼저 만나게 되는 것이다. 순서가 바뀐 삶은 생각보다 훨씬 더 위태롭다.

* 보건복지부, 「노인실태조사: 신체적 기능 저하 노인 수발자 통계」, 2014.

백수가 되거나
불효자식이 되거나

외동아들 장우철 씨(36)는 4년 전부터 치매를 앓는 어머니를 홀로 모셨다. 새벽 일찍 매장에 출근해 밤늦게 퇴근할 때까지 어머니는 혼자 집에 남았다. 늘 조마조마했다. 어머니는 혼자 계시다 넘어져 이마가 찢어져 응급실에 실려 갔다. 일하던 중 "너희 엄마가 맨발로 배회하고 있다"는 동네 슈퍼 아주머니의 전화를 받고 달려가기도 했다. 이대로 가다간 큰일이 벌어질 것 같아, 우철 씨는 결국 어머니를 요양원에 모시기로 마음먹었다.

그런데 요양원도 그리 쉽게 들어갈 수 있는 곳은 아니었다. 어머니를 요양원에 모시려면 노인장기요양보험 등급 상향을 해야 했다. 그 심사 과정에만 한 달이 넘게 걸렸다. 겨우 등급을 올렸지만 평판이 괜찮은 공립 요양원은 대기자가 300명이 넘었다. 건물만 봐도 음산한 시골의 정체 모를 요양원에는 자리가 있었지만 차마 어머니를 보낼 수 없었다. 몇 달간 수소문한 끝에 괜찮다는 요양원에 자리를 하나 맡았다.

우철 씨는 또 한 번 좌절했다. 노인장기요양보험 지원을 받아도 한 달 자기부담금이 100여 만 원에 달했다. 모아놓은 돈 없이 월급 200만 원을 받는 비정규직 우철 씨에게는 너무 부담스러운 금액이었다. 그런 우철 씨에게 누군가 귀띔했다. "네가 소득이 없으면 어머니가 기초수급자가 되어 시설비용 전액을 지원받을 수 있어." 우철 씨는 어머니의 시설 입소를 위해 일을 그만뒀다. 아들이 백수가 된 덕에 어머니는 그해 1월 요양원에 들어갈 수 있었다.

3개월이 지난 뒤 우철 씨는 본인의 생계를 위해 '투명한 노동자'가 되었다. 4대보험은커녕 계약서 한 장 쓰지 않은 고용 형태로, 임금도 본인 명의 통장으로 받지 못한다. 어머니가 기초수급 자격을 잃을까 봐서다. 일종의 '부정 수급'인 셈인데, 우철 씨는 어쩔 수 없었다고 말한다. "이 방법이 아니면, 지금까지처럼 나가서 돈을 벌지만 어머니를 집에 방치하거나 아니면 어머니와 집에서 쫄쫄 굶고 있거나 둘 중에 하나를 선택해야 했다."

우철 씨처럼 극단적인 사례가 아니더라도 나 홀로 간병인들이 일과 부모 간병을 병행하는 일은 거의 불가능에 가깝다. 아이를 돌보기 위해 법적으로 보장된 육아휴직도 눈치가 보여서 사용하기 어려운 마당에 자녀가 부모 간병으로 직장에 아쉬운 소리를 하기란 더욱 쉽지 않다.

한국보다 먼저 고령사회와 노인 간병 문제를 경험한 일본은 2002~2007년 가족 간병으로 인한 퇴직자(개호 퇴직자)가 연평균 11만4000명에 달했다.(일본 총무성) 이런 현상을 막고자 일본 정부는 2005년 간병휴직 제도를 시행했고, 몇몇 기업들도 재택근무와 주 4일제 근무 등을 도입했다. 한국도 2012년 8월부터 가족돌봄휴직제도가 시행됐지만 강제성도 없고 무급이라 사실상 유명무실한 상태다.

포기,
포기, 포기…

부모 간병을 도맡은 자녀들은 직장뿐 아니라 다른 생활에서도 미래가 불투명하다. 대표적인 게 연애와 결혼, 그리고 자신의 노후다.

앞서 소개한, 스스로 백수를 선택한 우철 씨는 문득 '나도 늙어 어머니처럼 되면 어떡하지'라는 생각에 연금저축 보험을 알아본 일이 있다. 하지만 본인의 소득이 신고되어 어머니가 요양원에서 쫓겨나게 될까 봐 곧 포기했다. 일련의 일들을 겪으며 우철 씨는 5년간 교제해온 여자친구에게 이별을 통보할 수밖에 없었다. 그녀와 함께 미래를 꿈꿀 여유도 자신도 없었다. 앞으로 계속 들어갈 게 뻔한 어머니의 병원비 마련을 위해서라도 열심히 일이나 하자는 게 우철 씨가 현재 세울 수 있는 최대 목표다.

박지영 씨(27)는 간암에 걸린 아버지 간병 생활 중에도 다행히 사귀던 남자친구와 헤어지지 않았다. 외동딸 지영 씨는 일하는 어머니와 함께 번갈아가며 아버지를 돌봤다. 어머니 월급이 150만 원, 지영 씨 월급이 200만 원인데 한 해 아버지 병원비는 3000만 원이 나왔다. 시간도 없고 데이트 비용도 아까워 남자친구와의 만남을 꺼렸다. 아버지는 1년 6개월 투병하다 그해 9월 세상을 떠났다. "조금만 더 길어졌으면 집도 파산하고 남자친구와도 헤어졌을 것 같다"고 지영 씨는 말했다.

지영 씨가 안게 될 부담은 아직 끝나지 않았다. 지영 씨는 60대 어머니, 80대 할머니와 함께 월세 집에 산다. 지금까지는 다행히 두 어른 다 거동에 지장이 없고 어머니는 계속 돈을 번다. "네 앞길 막지 말아야지"라며 어머니는 상조보험과 간병인 보험에 버는 돈 상당액을 쏟고 있다. 모아놓은 자금이 얼마 없는 지영 씨는 당장 남자친구와의 결혼은 엄두가 나지 않는다.

혼자인
네가 책임져라?

자녀가 여럿인 경우에도 부모 간병 부담은 결국 한 자녀에게 몰린다. 주로 장남이 책임을 지던 풍조는 최근 점차 바뀌고 있다. 일견 공평해진 것 같은 부모 간병 책임은 아들이냐 딸이냐, 첫째냐 둘째냐에 상관없이 가족 가운데 가장 '회피할 명분이 없는' 사람에게 향하기 쉽다. 대표적인 게 독신 자녀다. "우린 애들이랑 시댁(처가) 뒷바라지도 힘든데, 넌 부양가족이 없잖아"라는 다른 형제자매의 논리에 독신 자녀는 딱히 거부할 구실을 찾기 힘들다.

수년 전 남편과 이혼하고 부모님 집에 들어가 산 은진희 씨에게도 그런 부담이 지워졌다. 평소에도 자주 아프던 어머니는 최근 거동이 힘들 만큼 부쩍 상태가 나빠졌다. 병원 검사와 입원비만

200만 원 넘게 청구됐다. 진희 씨의 오빠와 세 여동생은 이번에 부모 명의의 민간 의료보험 하나 없다는 걸 알고 당황했다.

진희 씨도 사정이 좋지 않다. 계약직을 전전하며 부모를 모시다가 최근 겨우 한 직장에서 정규직으로 바뀌었는데 이런 일이 생겼다. 3교대 근무 탓에 어머니 간병을 소홀히 할 수밖에 없다. 진희 씨는 "그럴 거면 부모님 집에서 나가 살아라"는 여동생들과 갈등을 빚고 있다.

앞서 소개한 김성태 씨는 5형제 중 막내다. 다른 형제들보다 상대적으로 여유가 있는 독신의 성태 씨가 자연스럽게 어머니를 맡게 되었다. 성태 씨도 당연하게 여겼다. 그러나 어머니를 요양원에 보낸 뒤 밀려드는 죄책감도, 결혼해 가정을 꾸릴 수 있을까 하는 불안감도 오롯이 혼자 감당하며 성태 씨는 조금 억울한 기분이 들었다.

일본 사례를 중심으로 비혼 자녀의 부모 돌봄 문제를 연구한 지은숙 박사(서울대 인류학과)는 "돌봄 용역은 결국 사회 내 힘없는 약자에게 떠넘겨진다. 남자보다 여자, 국가보다 가족, 그리고 가족 내에서도 재생산을 이뤄내지 못한 비혼 자녀에게 그 책임을 지우는 식이다. 이는 '아이를 낳는 사람이 생산적인 사람'이라는 저출산 담론이 지배하는 국가에서 일종의 사회적 합의처럼 굳어졌다"고 말했다. 또한 "일견 합리적으로 보이는 이 시스템은 사실 주변화된 사회 구성원을 더 주변화하고 고립시키는 결과를 낳는다"고 덧붙였다.

존속살해범이 된
효자·효녀들

위기는 비극을 낳는다. '간병 대국' 일본에서는 한 해 268명이 '개호(간병) 피로' 때문에 스스로 목숨을 끊는다.(일본 내각부) 또 1998~2007년의 10년 사이 일본에서는 '개호 살인사건'이 총 350건 발생했다. 대부분 가족 구성원이 늙고 병든 배우자나 부모를 오랜 기간 홀로 간병하다 빈곤과 고립의 늪에 빠져 파국에 이르게 된 것이다.

한국도 그 전철을 밟고 있다. 2016년 7월 7일 서울 강북구 한 반지하방에서 송인화 씨가 3년째 홀로 보살피던 치매 어머니를 때려 숨지게 했다. 인화 씨에게 징역 10년형을 선고한 재판부 판결문에 따르면, 공사장에서 막일을 하던 인화 씨는 어머니를 모시면서부터 일을 나가지 못했다. 2년 전부터 급격히 증세가 심해진 어머니의 대소변 처리, 잦은 세탁, 목욕, 밤잠 설침 등으로 인화 씨는 몸무게가 30킬로그램밖에 안 나갈 만큼 쇠약해졌다. 사건 당일 새벽 3시, 인화 씨는 속옷에 용변을 본 어머니를 씻긴 뒤 옷을 입히려 했다. 어머니가 몸을 뒤척이며 거부하자 아들은 폭발했다. 어머니의 얼굴과 머리를 수차례 때리며 벽에 밀쳤다. 3시간 뒤 어머니는 두부 손상에 의한 경막하 출혈 등으로 사망했다.

같은 날, 경기도 안양시에서도 치매를 앓던 어머니를 폭행해 숨지게 한 사건이 벌어졌다. 2015년 6월에는 대구시 동구에서 아들이 70대 어머니를, 2014년 4월에는 울산시 울주군에서 딸이 50대 어머니를 살해했다. 자신의 아버지와 어머니를 목 졸라 살해하고 자신도 목을 매 죽은 사건도 있었다. 이들의 공통점은 모두 직장을 그만두고 홀로 수년간 치매나 암과 같은 지병을 앓는 부모를 간병해오며 '효자·효녀' 평판을 듣던 독신(결혼을 안 했거나 이혼한) 자녀였다는 것이다.

'간병의 사회화'는 이제 막 걸음마를 떼기 시작했는데 곧 닥칠 위기는 너무 높고 강력하다. 10년 뒤면 대한민국은 인구 5명 가운데 1명이 노인이 되는 초고령사회가 된다. 아직은 '초로(初老)'인 거대한 인구 집단 베이비붐 세대가 돌봄이 필요할 만큼 늙고 병들 시기도 멀지 않았다. 반면 그들의 자녀는 대부분 한두 명이다. '나 홀로 간병'의 재앙은 결코 남의 이야기가 아니다.

2016년 11월

나는 걷는다,
돈이 없어서

“차 없는 남자와 사랑에 빠지지 마라. 그 또한 기미 낀 얼굴을 사랑해주지 않을 것이다.” 여러 해 전 텔레비전에 방영된 한 화장품 광고에 나온 말이다. 최근에는 서울 도심 버스정류장에 이런 광고 문구가 붙었다. “날은 더워 죽겠는데 남친은 차가 없네.” 한 음료 회사가 내건 이 옥외 광고물은 “자동차가 아닌 마시는 차를 지칭한 것이다”라는 업체의 해명에도 불구하고 누리꾼들의 격렬한 항의에 부딪혀 금세 철거됐다. 젊은 층에게 자동차 소유 여부는 뜨겁고 민감한 소재였다.

하지만 이런 세태가 최근 바뀌고 있다. ‘뚜벅이’를 자연스럽고 떳떳하게 선택하는 젊은이들이 늘고 있다. 경기 불황의 영향이 크지만, 승용차를 ‘못’ 가지기보다 ‘안’ 가지기로 결심한 이들도 상당수다. 보행, 대중교통, 자전거, 카셰어링 등 다양한 대체 이동 수단에 만족하는 이들에겐 자동차 말고도 ‘지름신’을 맞이할 다른 소비재가 널렸다.

20~30대의 자동차 수요 감소 현상은 여러 통계에서 드러난다. 2014년 9월 한국자동차산업협회가 발표한 「연령별 승용차 신규 등록 현황」에 따르면 2013년 상반기 20대와 30대의 승용차 신규 등록은 전년 같은 기간에 비해 각각 10.2퍼센트, 6.9퍼센트 떨어졌다. 40대는 소폭 감소(마이너스 0.8퍼센트)했고, 50대는 오히려 증가(0.9퍼센트)했다. 운전면허를 따는 젊은이 수도 줄었다. 2005년과 2013년 연령별 운전면허 소지자 통계를 비교해보면 8년 사이 다른 연령층은 모두 운전면허 소지자가 증가한 반면, 22~37세는 연령별로 2~19만 명씩 그 수가 감소했다. 국내 대표 자동차업체인 현대자동차의 고객 연령층 자료도 이를 뒷받침한다. 2013년 현대자동차 승용차를 구매한 20대 고객의 비중은 9.0퍼센트로, 2011년 11.8퍼센트에 비해 2.8퍼센트포인트 감소했다. 30대의 비중은 27.6퍼센트에서 21.4퍼센트로 감소 폭이 더 컸다.

젊은이들이 자동차를 포기하게 된 가장 큰 요인은 넉넉지 않은 주머니 사정이다. 광고업계에 종사하는 박수만 씨(29)는 4년간 몰고 다니던 중고 경차를 재작년 다시 중고 시장에 내다팔았다. 대학 시절 원거리 통학용으로 차를 마련해 유용하게 잘 사용했지만 직장에 취업한 이후에도 학자금 대출을 갚는 등 기본 지출이 많다 보니 보험료, 유류비 등 다달이 나가는 차량 유지비가 여간 부담스럽지 않았다. "있다가 없어지니 행동반경이 좁아져서 불편함이 크다"면서도 수만 씨는 당분간 자동차를 구입할 의향이 없다고 말했다.

젊은이들이 오너 드라이버에 대한 선망이 없는 것은 아니다. 한국자동차산업연구소의 2010년 보고서 「국내 20대 자동차 수요 영향 요인 분석: 한·일 비교를 중심으로」에 따르면 우리나라 대학생은 30~40대에 이른 예전 대학생에 비해 여전히 자동차 구매 의향이 높게 조사됐다. 이들은 자동차의 '자유로운 이동'과 '프라이버시' '자기표현' 등의 매력을 높이 샀다.

"차는 갖고 나가는 순간 돈이잖아요"

하지만 이들은 냉혹한 현실을 직시하는 세대이기도 하다. 중소기업 직장인 김수인 씨(28)는 "버스 막차를 타고 창문을 열어 시원한 바람을 맞다가 내 차에서 맞는 바람은 얼마나 즐거울까 상상하곤 한다"면서도, 차를 구입할 의향이 있느냐는 질문에는 손을 내저었다. "아니요, 차는 갖고 나가는 순간 돈이잖아요." 수인 씨의 말에 따르면 또래들 가운데 차를 끌고 다니는 경우는 집이 굉장히 부자거나 아버지가 오래 몰던 승용차를 물려주거나, 둘 중 하나다. 비교적 초봉이 높은 대기업에 입사한다 해도 새 차를 뽑는 경우는 극소수라고 했다. "우리 또래는 대부분 비싼 주거비를 치르며 좁은 월세방에 살잖아요. 자동차는커녕 차를 둘 곳도 변변찮은데 어떻게 감히 보험료, 주차비, 기름값, 자동차세가 들어가는 차를 살 생각을 하겠어요?"

뚜벅이 생활을 하다가도 가정을 이루는 과정에서 대개 차를 마련한다지만, 요즘 젊은이들은 그 단계 또한 잘 참고 견딘다. 네 살 연상의 남자친구와 결혼을 앞둔 윤선미 씨(27)는 결혼 준비 과정에서 자차가 필요하다는 것을 많이 느꼈다. 도시 근교의 가구거리에서 혼수를 마련할 때나 예단과 함을 들일 때 차가 없으니 여간 불편하지 않았다. 그런데도 선미 씨 부부는 향후 최소 2년간은 차를 구입할 생각이 없다. 신혼집 전세 대출금을 갚기도 빠듯한데 자동차 구입비와 유지비까지 감당하기가 부담스럽기 때문이다. 선미 씨는 "아이를 출산할 때까지는 최대한 참아볼 생각이다"라고 말했다. 대부분 선미 씨처럼 자녀가 태어난 후부터는 차량 구입을 고려할 수 있다는 의견이지만 그 첫 출산 시기 역시 점차 뒤로 미뤄지고 있는 게 현실이다. 1993년 27.6세던 산모 평균 초산 연령이 2013년 31.8세로 4년 이상 늦춰졌다.

자동차 액셀을 밟던 젊은이들은 자연스럽게 버스와 지하철, 도보와 자전거 도로로 향하고 있다. 2000년 59.5퍼센트던 서울시 대중교통 분담률은 2010년 64.3퍼센트로 증가했다. 지하철 분담률은 1996년 29.4퍼센트에서 2010년 36.2퍼센트로 늘었고, 같은 기간 승용차 통행 대수는 465만 대에서 449만 대로 줄었다. 도보 혹은 자전거 통행량은 연평균 2.8퍼센트로 여러 이동 수단 가운데 가장 높은 증가율을 보였다.

차를 소유하지 않고 공유하는 카셰어링 서비스도 2012년 처음 국내에 등장한 이후 꾸준히 성장세를 기록하고 있다. 카셰어링 대표 업체 그린카와 쏘카 회원 수(각 34만 명, 33만 명)의 90퍼센트를 차지하는 주 고객은 20~30대다. 1년 전부터 카셰어링 서비스를 이용하는 직장인 손병민 씨(31)는 "교통망이 좋지 않은 지방에 가거나 부모님 댁에서 반찬을 갖고 온다거나 할 때 차가 없으면 불편함을 느낀다. 하지만 한 달에 몇 번 되지 않는 그때를 위해 비싼 차를 사서 유지하느니 필요할 때 잠깐씩 이용할 수 있는 카셰어링을 이용하는 게 훨씬 효율적이다"라고 말했다.

청년들의 탈(脫)자동차 현상은 한국만의 이야기가 아니다. 한국보다 먼저 장기 불황·인구고령화로 인한 청년층 실업률 증가와 소득 감소를 겪은 일본은 자동차 내수시장 규모가 1990년대 초 버블 붕괴 직전 770만 대에서 2011년 420만 대로 위축됐다. 일본 자동차공업회가 18~24세를 대상으로 실시한 조사에 따르면 면허 취득자 중 실제로 운전하는 비율이 1999년 74.5퍼센트에서 2007년 62.5퍼센트로 감소했다.

자동차업계 자구책이 변화에 맞설 수 있을까

자동차의 나라 미국 역시 마찬가지다. 2013년 4월 미국의 한 자동차 시장조사 기관은 미국 자동차 시장에서 18~34세의 비중이 2008년 금융위기 이전에 17퍼센트였다가 2012년 11퍼센트로 떨어졌다고 분석했다. 미시간대학교 교통조사연구소에서 지난해 미국인 한 사람이 한 달 동안 운전한 거리를 분석한 결과, 2009~2011년 16~34세의 누적 운전거리가 23퍼센트 감소했다고 한다. 반면 대중교통 이용률과 자전거 통근율은 각각 40퍼센트, 24퍼센트 상승했다.

자동차 업계로서는 고민이 깊을 수밖에 없다. 쌍용자동차 홍보 담당자의 설명에 따르면, 자동차 시장에서 20~30대 고객은 정보 수집 채널이 많고 구매의사 결정 단계가 위 연령층보다 복잡한, 한마디로 '까다로운 고객층'이다. 하지만 자동차 같은 고관여 제품(소비자가 다른 제품에 비해 더 많은 생각과 추론을 거친 뒤 구입을 결정하는 상품)은 한 번 사용했던 브랜드의 이미지가 긍정적일 경우 다시 구매할 가능성이 매우 높다. 자동차 회사로서는 초기 진입 고객인 20~30대를 결코 포기할 수 없다는 이야기다.

홍보 담당자는 "근본적으로 젊은 세대에게 안정적인 수입이 있어야 하고, 가처분 소득도 증가해야 자동차 수요 역시 증가할 것이다. 하지만 우리 업계 자체만으로는 그런 문제를 해결하는 데 한계가 있기 때문에 이런 변화에 대응해 졸업·취업·창업·결혼·출산 등 청년의 생애주기에 따른 차별적 가격 할인 프로모션, 유예할부, 중고차 보상 할부 등 다양한 금융 상품 등을 개발하고 있다"고 말했다. 현대자동차 홍보팀 직원도 "2030 세대는 지금 소비층에서 차지하는 비중이 낮더라도 향후 주력 소비층으로 대두될 것이기 때문에 당장의 이익보다 미래를 보고 이들과 꾸준히 관계를 맺고 소통하는 전략을 연구하고 있다"고 말했다.

2014년 10월

가난하다고 해서 사랑을 모르겠…다

데이트 비용이 부담스러워서 연애를 포기하고, 전세금이 비싸서 결혼을 포기하고, 육아 비용이 부담스러워 출산을 포기한다. 18~49세 미혼 남녀 10명 가운데 3~4명만이 연애 중이다.

자신을 31세 생산직 노동자라 밝힌 미혼 남성이 한 인터넷 사이트에 고민을 털어놓았다. 제목은 「결혼과 연애를 포기하는 게 맞는지…」였다. 몇 년 동안 근무하던 공장이 경영난으로 문을 닫은 뒤 안정된 일자리를 잡지 못하고 있다는 그는 "돈이 너무 부족해 여자는커녕 친구를 만나는 것이나 경조사 참석도 자꾸 회피하고 있다"고 적었다. 연로한 아버지와 자신의 대학 등록금 충당을 위해 무리하게 일하다 몸이 많이 상한 어머니를 부양해야 하는 외동아들의 부담감 때문에 "눈앞에 좋은 여자가 나타나도 만나거나 잡을 수 없을 것 같다"는 그에게 한 누리꾼은 "용기를 잃지 말라"는 댓글을 달며 이렇게 덧붙였다. "대기업, 공기업 직원이나 공무원이 아닌 이상 대부분의 사람들도 같은 상황입니다."

가난한 청춘은 결혼과 출산은 물론이고, 그 첫걸음인 연애조차 못 한단 말인가. 한국보건사회연구원의 『보건복지포럼』 2014년 7월호에 실린 「최근 미혼 인구의 특성과 동향: 이성교제를 중심으로」라는 보고서는 이를 여실히 보여준다. 보고서에 따르면 우리나라 18~49세 미혼 남녀 가운데 현재 이성교제를 하고 있는 비율은 남성이 33.8퍼센트, 여성이 35.6퍼센트에 그친다. '연애 중'일 확률은 최종 학력이 고졸일 때보다 대졸일 경우, 취직을 했을 경우, 소득이 어느 정도 많아졌을 경우, 근무시간이 너무 길지 않을 경우 더 높아졌다.

물론 많은 솔로는 여전히 '사랑'을 찾고 있다. 애인이 없는 미혼 남녀 가운데 남성의 64.9퍼센트, 여성의 56.5퍼센트가 연애를 하고 싶다고 했다. 하지만 고용 상태가 불안정한 청춘들은 이런 희망조차 포기했다. 조사 결과에 따르면 미혼 남녀가 비정규직이라면 교제를 바라는 비율이 정규직보다 남성은 9.5퍼센트, 여성은 18.2퍼센트나 떨어졌다.

“연애 안 해도 죽지는 않지만 일은…”

주머니 사정 때문에 연애가 좌절되거나 아예 포기하는 청춘들이 속출하다 보니, 다음 단계인 결혼이 늦춰지거나 보류되는 현상 또한 자연스러울 수밖에 없다. 2011년 한국고용정보원의 보고서 「대졸자 고용의 질이 혼인에 미치는 영향」에 따르면 중소기업보다 대기업에 근무할수록, 비정규직보다는 정규직일수록, 임금을 많이 받을수록 미혼 상태를 벗어나는 경향이 강했다. 이처럼 높은 결혼 장벽은 자연히 최근 우리 사회의 가장 큰 걱정거리인 저출산 문제로 이어진다. 연애·결혼·출산을 포기한 ‘삼포(三抛) 세대’의 확산이다.

‘삼포’의 연유는 대개 경제적인 것들이다. 2014년 2월 시장조사 전문기관 마크로밀엠브레인이 19~39세 성인 남녀를 대상으로 실시한 설문조사에서 연애·결혼·출산을 포기했다고 답한 이들이 꼽은 가장 큰 이유는 ‘돈이 없어서’였다. 데이트 비용이 부담스러워서(59.9퍼센트) 연애를 포기하고, 전세금이 비싸서(52.1퍼센트) 결혼을 포기하고, 맞벌이를 해도 육아 비용이 부담스러워(70.7퍼센트) 출산을 포기했다. ‘학자금 미상환’(21.6퍼센트) ‘구직 신분’(17.8퍼센트)도 연애나 결혼의 걸림돌로 작용했다.(중복 응답)

가벼운 지갑은 청춘들의 ‘연애 세포’까지 말려버린다. 취업준비생 이승환 씨(25)는 ‘왜 연애를 안 하냐’는 질문에 이렇게 대답했다. "당장 방세 내는 게 걱정인데 연애는 무슨 연애…, 애인 밥 사 줄 돈 있으면 내 옷이나 한 벌 사 입는 게 낫다."

일본은 이미 길고 깊은 경제불황의 터널 속에서 청춘들의 '연애 포기'가 사회 전반에 만연한 지 오래다. 2011년 일본의 국립 사회보장인구문제연구소가 18~34세 미혼 남녀를 대상으로 조사한 결과에 따르면, 남성의 61.4퍼센트, 여성의 49.5퍼센트가 교제 중인 이성이 없고 그들 가운데 절반가량이 "앞으로도 이성교제를 할 생각이 없다"고 답했다. 일본 경제주간지 『동양경제』의 2013년 7월 27일 자 특집 기사에 인용된 어떤 20대 여성은 이렇게 말했다. "일을 하지 않으면 살 수 없지만 연애는 하지 않아도 죽지 않는다."

'성적(性的) 프롤레타리아' 혹은 '1인분 인생'으로 표현되는 이런 가난하고 외로운 청춘의 확산은 저성장 고령화 사회의 필연적이고 불편한 결과라는 게 전문가의 분석이다. 한국 2030 세대 현실을 조명한 책 『이케아 세대, 그들의 역습이 시작됐다』(중앙북스 펴냄, 2013)를 쓴 전영수 한양대 국제학대학원 특임교수는 "많은 청춘이 연애·결혼·출산을 원한다. 그것을 이룰 수 없는 현실을 체감한 뒤 초기에는 희망 섞인 지연·보류 상태에 있다가 소득수준 등 미래가 보장되지 않으면 결국 좌절하고 포기해버린다. 이런 현상은 일본이나 한국뿐 아니라 저성장 고령화 문제를 겪는 모든 국가에서 나타나는 공통점이다"라고 지적했다.

이들을 구제할 방법은 결국 '질 높은 고용'뿐

연애를 한다 해도 그 과정에서 '경제성'을 따지는 사람이 부쩍 늘었다. 2013년 7월 마크로밀엠브레인이 전국의 성인 남녀 1000명을 대상으로 데이트 비용에 대한 인식 조사를 실시한 결과, 전체의 72.2퍼센트가 "데이트 비용 문제로 헤어질 수 있다"고 답했다. 현재 연애 중인 미혼 남녀 10명 중 3명은 "데이트 비용이 부담돼 데이트를 미룬 경험이 있다"고도 답했다. 한 연애 컨설턴트는 "'김밥천국만 데려가서 헤어진 커플' 등 연애 고민 상담을 하다 보면 갈등을 겪는 사례 70퍼센트가량이 돈 문제다. 그래서인지 최근에는 여대생과 직장인 남성 커플이 많아지는 추세다. 20대에게도 사회는 모든 게 돈 덩어리고 돈이 없으면 반쪽짜리 데이트밖에 못 하니 어찌 보면 당연할지 모른다"고 말했다.

"결혼도 포기했고 그냥 내 몸 하나 건사하자 싶다가도, 가끔은 바다에 빠져서 끝없이 떠다니는 기분이다. 따뜻함이 그리우면서도 거기에 매달리고 무너질까 봐 두렵다." 가난한 가정환경에서 월급 170만 원으로 생활을 꾸려가느라 결혼을 포기한 상태라는 한 미혼 남성이 소개팅을 제안받은 뒤 마음이 심란하다며 한 인터넷 커뮤니티 사이트에 하소연한 글이다.

이렇게 '따뜻함'을 포기한 청춘들을 구제할 수 있는 방법은 결국 '질 높은 고용'밖에 없다고 전문가들은 입을 모은다. 전영수

특임교수는 "상대적으로 고령화 정책에 많이 쏠려 있는 국가의 복지자원을 젊은 세대에게도 많이 배분해야 한다"고 말했다. 또한 그는 최근 국가가 적극 나서서 육아비 등을 지원해주는 출산장려 정책도 문제의 실마리를 풀기에 모자란다고 진단한다. 그 정책의 대상은 이미 연애와 결혼에 성공했거나 성공할 확률이 높은 이들이기 때문이다. "정책 대상 연령을 좀 더 낮춰 학령기부터 누릴 수 있는 복지 제도, 이를테면 반값 등록금이나 청년 노동소득 안정책 같은 확실한 복지 대책이 나오지 않는 한 젊은이들은 계속 연애와 결혼을 미루거나 포기할 수밖에 없다."

2014년 9월

연애 못 하는 이유,
대안은 결국 고용

청년실업과 저출산 문제가 사회적으로 깊은 근심거리가 되면서 그간 만혼(晩婚)이나 젊은 부부의 출산 기피 현상에 관해서는 많은 통계와 연구 결과가 쏟아져 나왔다. 하지만 남녀가 결혼해서 2세를 만들기 위한 선행조건인 연애에 관해서는 상대적으로 관심이 덜했다. 일본 게이오대에서 경제학을 전공한 한국보건사회연구원 조성호 부연구위원은 2014년 7월 「최근 미혼 인구의 특성과 동향: 이성교제를 중심으로」라는 보고서를 통해 미혼 남녀의 낮은 소득과 불안정한 고용이 삼포 세대의 첫 단계, '연애 포기'로 이어질 수 있다는 세간의 추측을 통계로 입증했다.

연구 배경이 궁금하다

경제학을 전공하면서 저출산·여성 노동 분야 연구를 이어왔는데, 출산까지 이어지려면 연애가 시작이 아닌가 하는 생각이 들었다. 저출산이 국가적 어젠다가 된 지 10년이 넘었지만 여전히 합계출산율(여성 1명이 평생 낳을 예상 자녀 수)은 바닥이다. 그런데 생각해보면 합계출산율 계산에는 '미혼 인구'가 변수로 들어간다. 결혼한 부부가 아이를 낳지 않는 것도 문제지만, 애초 청춘 남녀가 결혼을 하지 않는 것부터 문제인 것이다. 지금은 부부를 대상으로 주로 정책을 펼치는데, 중요한 건 그 이전 단계가 아닐까 하는 생각에 상관관계가 있는 요인들을 찾아보았다.

연구 결과 의외였던 부분이 있나?

대부분 소득이 낮고 고용이 불안정하면 교제가 어렵다는 기존 추측과 일치되는 쪽으로 결과가 나왔다. 하지만 한 가지 의외였던 부분은 근무시간에 관한 것이다. 노동시간이 너무 길면 여가시간이 짧아져 이성교제가 힘들 것이라 생각했는데, 여성은 남성과 달리 노동시간이 긴 경우에도 연애 비율이 그리 떨어지지 않았다. 의외일 수도 있지만 가만히 생각해보면 노동시간이 길다는 것은 그만큼 소득이 높아진다는 것이니 결국 여성의 근무시간 조건이 정규직이나 고소득의 대리변수라 볼 수도 있다. 어찌 보면 남성도 여성의 경제적 조건을 보게 됐다는 증거가 아닐까.

정책에서 어떤 변화가 있어야 할까?

연애라는 것이 결혼이나 출산처럼 국가적으로 장려하는 정책을 써서 해결하기란 힘들 수밖에 없다. 사실 결혼이나 출산도 지극히 개인적인 선택의 문제인데, 이는 더더욱 그렇다. 대안은 결국 고용 문제로 풀 수밖에 없다. 최근 고용정책을 보면 일자리 수를 늘리는 데 초점이 맞춰져 있다. 하지만 젊은 미혼 세대가 연애도 하고 결혼도 하며 미래를 구상하기 위해서는 일정 수준 이상의 소득이 보장되는 질 좋은 일자리 창출에 중점을 둬야 한다.

2014년 9월

좁은 취업문, 비정규직,
열정페이

가끔 알바몬, 알바천국과 같은 구인 구직 사이트를 뒤적인다. 대기업 채용 공고부터 동네 편의점 단기 아르바이트까지, 우리나라에 널린 일자리는 마우스 스크롤을 내려도 내려도 끝이 없을 만큼 많고 다양해 보인다. 적어도 이곳에서만큼은 노동의 세계가 평화롭고 달콤하다. 구직자들은 "친절함으로 똘똘 뭉친 알바생입니다" "긍정의 에너지를 갖고 열심히 일하겠습니다" 당차게 포부를 외치고, '꿀알바' '꿀직장' 구인 기업에서는 가족처럼 일할 직원을 '모신다'.

이 장밋빛 구인·구직 현장의 민낯이 어떤지 청년 모두는 알고 있다. 큰 기대도 큰 실망도 없이 '내가 선택했으니 군소리 없이' 일하다가, 정 못 견디겠으면 떠나서 또 다른 단기 임시직 자리를 채운다. 2018년 한국노동연구원이 발표한 「비정규직 고용과 노동조건」에 따르면, 15~24세 청년층의 비정규직 비율은 51.2퍼센트다. 이 집단은 나이가 들면 좀 더 안정적이고 지속 가능한 일자리 통계치를 채울 수 있을까? 불안정하고 위태로운 노동과 취업 시장에서 방황하는 청년들을 들여다보았다.

로켓배송은 어떻게 가능할까

집에 샴푸가 떨어졌다. 휴대전화를 들어 쿠팡 앱을 켰다. 9500원짜리 600밀리리터 샴푸 3개들이 세트를 장바구니에 담았다. '로켓배송'이 가능한 1만9800원을 채우기 위해 치약과 두루마리 휴지로 가격을 맞췄다. '내일 도착 보장'을 확인한 뒤 주문 버튼을 눌렀다. 내일 저녁에도 무사히 머리를 감을 수 있을 것이다. 편리한 로켓배송이지만, 잠자리에 누우면서 생각했다. 어떻게 이게 가능할까?

의문을 풀기 위해 쿠팡 물류센터에서 하루짜리 노동자가 되어보았다. 아르바이트 노동자 사이에서 '쿠팡 일용직' '쿠팡 노가다'라 불리는 일자리다. 구직 사이트에 매일 모집 공고가 뜬다. '야간/주간/쿠팡/일당/주급알바/단순포장업무/동반/대학생/주부 가능'과 같은 제목으로, 인천·이천·칠곡에 위치한 쿠팡 물류센터에서 패킹(포장), 피킹(집품) 등 '단순하고 쉽고' '여자분들도 절반 넘고' '일당도 익일 지급'되는 '꿀알바'를 매일 선착순으로 모집하고 있었다.

인천 물류센터 '야간 여성' 담당자 번호로 알바 지원 문자를 넣었다. 모집 공고에 적힌 양식에 따라 이름, 생년월일 여섯 자리, 성별, 일할 날짜, 근무지, 셔틀 탑승지, 주간/야간을 적으면 신청 완료. 10분 뒤 "오늘 출근하세요. 현관 J팀에 출근 사인"이라는 답장이 왔다. 셔틀버스 노선도와 함께 '오후 7시~새벽 3시, 야간 기본 금액 6만6000원, 외국인 불가, 핸드폰 금속류 수거함, 치마·민소매·반바지·슬리퍼·샌들 불가' 따위 안내 문자도 연달아 도착했다.

저녁 6시 30분 인천 검암역 앞에 쿠팡 셔틀버스가 섰다. 버스는 20대 초반 남녀, 40~50대 중년 여성으로 구성된 '임시' 쿠팡 직원들을 인천 오류동 '쿠팡인천메가물류센터'로 날랐다. 2016년 쿠팡이 로켓배송 인프라 구축을 위해 투자한 9만9173평방미터 면적, 이커머스 사업자 중 최대 규모 물류센터다. 부평, 가양역, 문산 등 수도권 서쪽 11곳에서 아르바이트 노동자들을 태운 다른 버스들도 속속 물류센터 앞에 도착했다.

버스에서 쏟아져 나온 사람들은 현관 로비에 마련된 'J팀'과 'W팀'의 접수대 앞에 길게 줄을 섰다. J와 W는 쿠팡 물류센터에 인력을 공급해주는 인력 파견업체의 이니셜이었다. 줄을 섰다가 자기 차례가 되면 이름이 적힌 명부에 출근 서명을 하고 주간 교대조가 반납한 목걸이 출입증을 건네받았다. 내가 받은 출입증에는 '김○○'이라는 생소한 이름이 적혀 있었다.

신입은 따로 분류돼 '신규' 방에 들어갔다. 차례차례 줄을 세운 다음 노동조건과 안전·보안 서약, 영상정보 제공 동의에 관한 내용 등이 빽빽이 쓰인 종이 4장을 내밀었다. 꼼꼼히 읽어보려고 몸을 숙이니 앞에 선 직원이 재촉했다. "다 봤죠? 사인하세요." 계약서에는 처음 들어보는 회사 이름이 적혀 있었다. 쿠팡의 물류 담당 자회사라는 사실을 나중에 알았다. 제대로 읽지 못한 계약서에 네 번에 걸쳐 사인하고 교육을 받았다.

사실 교육이랄 건 딱히 없었다. J팀 관리자로 보이는 직원이 '긴 머리는 묶어라' '문신이 있으면 가려라' '사탕, 껌, 캐러멜 먹지 마라' '핸드폰, 전자담배, 웨어러블 기기도 반입할 수 없다' 등의 금지 조항들을 나열했다. "작업장으로 들어갈 때 금속 탐지 검색대를 지날 건데 거기에서 '허튼 행동'을 하면 '위'에서 페널티를 주라고 했으니 명심하라"는 말을 마지막으로 바구니를 갖고 돌아다니며 휴대전화를 수거해 갔다.

꺼내고, 찍고, 싸고, 넣고,
자르고, 붙이고…

검색대를 통과해 들어간 물류센터는 '메가(mega)'라는 명칭에 걸맞게 어마어마하게 넓고 높았다. 밤인지 낮인지 알 수 없는 형광등 불빛 아래 노동자 1000여 명이 컨베이어 벨트, 칸막이 카트와 종이박스와 에어캡 사이에서 땀 흘리며 일하고 있었다. 일용직 노동자들을 데려간 직원은 먼저 세 줄로 대기하던 노동자들에게서 '피킹'과 '패킹' 업무 자원을 받았다. 피킹은 2~4층의 물류창고로 올라가 여덟 시간 동안 카트를 끌며 송장에 적힌 상품들을 골라내는 업무다. 패킹은 1층 작업 라인에 서서 피킹이 골라온 상품들을 스캔해 박스에 담아 포장한 뒤 운송장을 붙여서 컨베이어 벨트로 출고시키는 일이다. 뭐가 더 나은 일인지 알 길이 없어 어벙하게 서 있던 신입들에게는 무작위로 업무가 주어졌다. 나는 패킹 라인 B-3라인 세 번째 작업대에 배정됐다.

작업대에서 먼저 일하고 있던 선임 노동자가 업무 내용을 설명했다. "여기 송장 보이죠? 송장 바코드를 먼저 스캐너로 찍고 모니터에 뜬 물건들을 카트에서 찾은 다음 하나씩 다 스캔하세요. 송장에 찍힌 규격을 찾아서 박스를 만든 다음 '뽁뽁이'로 싸서 넣고 빈 공간은 에어캡으로 채워요. 송장에 붙은 영수증을 떼어서 안에 같이 넣고 박스 포장을 마친 다음, 송장 스티커를 떼어 붙이고 컨베이어 벨트에 세로 방향으로 올리세요." 단 한 번의 설명을 끝으로 20대 초반 여성으로 보이는 선임은 입을 닫았다. 옆에서 같이 일하다가, 내가 바코드 찍는 순서를 틀린다든가 박스 안에 영수증 넣는 걸 잊고 테이프를 둘러버리는 등 실수하면 한숨을 쉬며 물건을 가져가 다시 작업할 뿐이었다.

선임의 손가락에는 일회용 반창고가 잔뜩 둘러져 있었다. 선임자는 박스 규격 B2, 4, 8, 9, 11, 16, 18, 33, 39호와 비닐봉지 규격 PB1, 1.5, 2, 3호가 계통 없이 뒤섞인 작업대에서 송장 한 번 흘끗 보고 0.1초 만에 알맞은 크기의 박스를 골라냈다. 기지개 한 번, 목 돌리기 한 번 하지 않고 쉼 없이 일했다. 일용직은 아닐 것이라 판단하고 물었다. "여기 정규직이세요?" 선임은 부지런히 손을 놀리며 대답했다. "아뇨, 주급으로 일해요." "그러면 혹시 할당량이 있거나, 많이 하면 주는 인센티브 같은 게 있어요?" "아뇨, 그런 거 없어요. 왜요?" "하도 잘하고 열심히 하셔서…." "하다 보면 그렇게 돼요."

그녀 말이 맞았다. 완벽한 로켓배송 쿠팡맨, 아니 패킹맨이 되는 데는 두 시간이면 충분했다. 꺼내고 찍고 싸고 넣고 자르고 닫고 붙이고 뒤집기를 반복하며 1분당 하나씩 컨베이어 벨트에 상자를 올렸다. 멸균우유, 핑크퐁 동요책, 헤어 에센스, 수저 받침대, 생리대, 바나나 걸이 등 고객들이 주문한 상품 수백 개를 칸막이 카트에서 비워 출고시키면 또 다른 카트가 작업대 앞에 도착했다. 모니터에 뜬 물류 시스템 프로그램 화면에는 목걸이 출입증에서 봤던 이름 김○○이 작업자명 칸에 입력돼 있었다. 도대체 김○○은 누굴까, 날 고용한 사람일까, 관리하는 사람일까, 일용직을 대표하는 고유명사 같은 걸까, 궁금했지만 그 현장에서 그런 건 중요치 않았다. 촬촬촬촬 흘러가는 컨베이어 벨트 옆에서 나는 그저 '패킹'해야 했다. 빨리 상자를 만들어 저 기계와 속도를 맞춰야

했다. 대형 스피커에서 나오는 최신 인기 가요와 컨베이어 벨트 소음이 뒤섞여 귓전을 때리다가 10분에 한 번꼴로 음악이 꺼지고 방송이 나왔다. "좀 더 속도를 내주시기 바랍니다." "빠른 속도, 빠른 속도 부탁드립니다." "곧 배송트럭 출발 마감 시간입니다. 좀 더 빨리 해주시기 바랍니다."

자정이 넘어가자 몸을 지탱한 발과 다리가 부어오르고 테이프를 끊는 반복 작업에 손과 어깨가 얼얼해졌다. 카트에서 물건들을 꺼내며 라인 앞뒤의 다른 노동자들을 살펴봤다. 일당 임시직인지 주급 임시직인지는 알 수 없지만 모두 옆자리 선임처럼 빠른 속도로 쉴 새 없이 움직였다. 두 명이 일하는 작업대마다 하나씩 걸린 미니 선풍기는 일하는 사람들의 땀을 식히지 못했다. 더위야 어쩔 수 없다 쳐도, 테이프 커팅기와 상자 모서리의 날카로움에서 손을 보호해줄 장갑이나 공장 내 가득한 먼지를 막아줄 마스크도 지급되지 않았다. 모두 자기 돈으로 산 장갑과 마스크를 끼거나, 아예 끼지 않고 일했다. 무엇보다 의자, 바로 의자가 필요했다. 앉아서 일하기만 한다면 훨씬 나을 것 같았다.

문득 '일하다가 몰래 짱박히는 걸 막으려고 작업 시간에 화장실을 단수시키기도 한다'는 인터넷에서 본 쿠팡 아르바이트 후기가 떠올라 선임에게 화장실 위치를 물었다. "글쎄요, 가도 되는지 물어봐야 할걸요." 작업대를 빠져나와 자회사 이름이 표기된 조끼를 입은 직원에게 화장실 위치를 물어보니 친절하게 안내해줬다. 아르바이트 후기와 달리 화장실은 비교적 깨끗하고 물도 잘 나왔다. 돌아오는 길에 정수기에서 물을 떠 마셨다.

작업대로 돌아오자 선임은 조심스레 물었다. "저기… 화장실이 어디예요?" 몇 주간 매일 밤 여덟 시간을 일하면서 그녀는 한 번도 화장실에 가보지 않았던 것이다. "못 가게 했어요?" "아니요, 그냥, 물어보기가 그래서…." 내가 가는 걸 보고 나서야 그녀는 처음으로 화장실에 다녀오고 정수기에서 물을 떠 마셨다.

야간 여덟 시간 근무 중 휴식시간은 있었다. 밤 9시 30분부터 10시 5분까지 35분. "식사요, 식사"라는 외침에 작업대에서 나온 사람들 무리에 섞여 엘리베이터를 타고 4층 식당으로 향했다. 엘리베이터 2대에 수많은 사람들이 몰려 식당에 도착하는 데 10분, 배식 줄을 기다려 음식을 받는 데 5분이 걸렸다. 메뉴는 닭고기덮밥과 어묵케첩조림, 배추김치, 뭇국이었다. 컵라면이나 빵으로 야식을 제공한다는 다른 쿠팡 물류센터 알바 후기에 비하면 괜찮았지만 먹을 시간이 부족했다. 화장실에도 줄이 길게 서 있었다. 흡연자들은 그 바쁜 시간을 쪼개 출입증을 찍고 밖으로 나가 담배를 태웠다.

누가 자신을 고용했는지
알지 못해

작업장으로 돌아가는 길 엘리베이터 옆 벽에는 쿠팡의 물류 부문 자회사에서 사무행정, 물류 사원을 채용한다는 안내문이 붙어 있었다. 3개월 이후 평가에 따라 계약 연장을 결정하는 단기 계약직이었다. 물류센터 벽과 집기 곳곳에 쿠팡 로고가 찍혀 있었지만 이곳에서 일하는 사람들에게서 '쿠팡맨'으로 대표되는 정규직 사원의 흔적을 찾아보기는 힘들었다. '배송 사원 정규직 채용'으로 박수를 받은 온라인 유통업체마저도 막대한 유통 물량을 감당하는 이면에서는 3개월짜리, 1주짜리, 하루짜리 (초)단기 '패킹맨'과 '피킹맨'을 굴리고 있었다. 그곳에서 노동자들은 자신들의 권리는커녕 누가 자기를 고용했는지조차 알지 못한 채 부여받은 의무만 수행하고 있었다. 쿠팡만 표 나게 그런 것도 아니고 물류업계만의 특성도 아니다. 우리 시대 일상적인 노동 현장의 모습일 수 있다.(쿠팡 측은 "물류센터 인력 운영은 자회사나 아웃소싱업체가 하기 때문에 정확한 사정은 잘 모른다. 다만 물류업계 특성상 일시적 일자리를 원하는 사람들이 많고 그건 우리뿐 아니라 택배회사 등 다른 업체들도 마찬가지다"라고 말했다.)

새벽 3시 30분, 작업을 끝낸 노동자들은 퇴근 명부에 이름과 일당을 받을 계좌번호를 적고 절뚝거리는 다리를 끌며 셔틀버스에 올랐다. 차가 드문 도로 위를 위태위태한 과속과 추월 운전으로 달린 버스는 꾸벅꾸벅 조는 20대 청년들을 수도권 서쪽 어느 지하철역 근처에 내려줬다. 흩어진 청년들은 텅 빈 거리 가로수 밑, 상가 계단, 인도 턱 등에 앉아 2시간 뒤 올 첫차를 기다리거나 터덜터덜 어디론가 걸어갔다. 새벽 4시 도착한 집 앞에는 그제 밤 주문해 어제 낮 '로켓배송'된 쿠팡 상자가 도착해 있었다.

2017년 8월

서른 즈음에…
또 취업이 멀어져간다

청년고용촉진법이 국회를 통과하자 공공기관 취업을 준비하던 30대 구직자들이 혼란에 빠졌다. 법안을 낸 민주당 측에 항의가 쏟아진다. 30대 구직자들은 자신들이야말로 취업 시장에서 약자라고 항변한다.

박상준 씨(36)는 취업 장수생이다. 4년제 대학을 졸업하고 군대를 다녀온 뒤 전기·통신 분야 자격증을 딴 지가 오래됐건만, 아직 안정적인 일자리를 구하지 못했다. 아르바이트를 전전하다 6년 전에는 한국도로공사의 용역을 받는 한 협력업체에 계약직으로 취직했다. 하지만 용역 수주 여부에 따라 직원을 잘랐다 늘렸다 하는 회사를 보고 계약 갱신 때마다 불안에 떨어야 했다.

결국 2년 만에 회사를 나와 공기업 입사 준비를 하기 시작했다. 최종 면접에서 떨어지기도 부지기수, 한 해에 겨우 서너 번 돌아오는 채용 기회에서 실패를 거듭하다 보니 어느덧 5년이 흘렀다. 그사이 여자친구는 취직한 다른 남성에게 시집가버렸다. 최근에는 도서관에서 공부를 하면서 생계를 위해 '전기 노가다'라 불리는 정비업체 아르바이트를 병행한다. 좁은 취업문, 저임금 비정규직, 삼포 세대…. 상준 씨는 텔레비전에서 청년 실업과 관련된 여러 뉴스가 나올 때마다 '딱 내 얘기'라고 생각했다.

그래서 상준 씨는 같이 공부하는 후배가 "우리 취업 길이 막히게 생겼다"며 2013년 4월 30일 국회를 통과한 '청년고용촉진특별법 일부개정법률안'(청년고용촉진법) 내용을 알려줬을 때, 처음에는 믿지 않았다. 청년 고용 창출을 위해 공공기관과 지방 공기업에서 앞으로 3년 동안 매년 정원의 3퍼센트 이상씩 청년 미취업자를 고용하도록 강제하는 법이니 당연히 자신 같은 청년 백수에게 도움이 될 것이라 예상했다. 하지만 청년고용촉진법 시행령을 읽고 나이 서른을 훌쩍 넘긴 상준 씨는 다리에 힘이 풀렸다. 법이 정한 청년의 범위는 15~29세였기 때문이다.

공공기관 경영정보 공개시스템에 따르면 지난 5년간 공공기관과 지방 공기업의 정원 대비 신규 채용 인원 비율은 평균 5퍼센트 남짓이다. 수치로만 따지자면 청년고용촉진법에서 할당한 29세 이하 미취업자 3퍼센트를 채우고도 남은 2퍼센트를 30대가 가져가면 된다. 하지만 이는 어디까지나 평균 통계치일 뿐, 구직자 개개인이 체감하는 채용문은 이보다 훨씬 더 좁다. 상준 씨가 올해 지원했다가 떨어진 공기업 3곳의 신규 채용 비율은 모두 1퍼센트대였다. 만약 내년에 청년고용촉진법으로 3퍼센트까지 채용 정원을 늘린다 해도 연령 범위가 29세까지 제한된 탓에 사실상 '지원서를 내면 바보가 되는' 상황이다. 상준 씨는 "이제 꿈을 접어야 하나 심각하게 고민 중이다"라고 말했다.

상준 씨뿐 아니다. 청년고용 할당률을 지키지 않으면 공공기관에 불이익을 주도록 강제한 청년고용촉진법이 통과되자 공공기관 취업을 준비하던 30대 미취업자들은 그야말로 패닉에 빠졌다. 법안을 대표 발의한 민주당 김관영, 장하나 의원실 등에 항의 전화와 항의 글이 쏟아졌다.

인터넷 카페 '공공기관을 준비하는 사람들의 모임'(공준모) 등에서 모인 30대 취업준비생들은 2013년 5월 12일 서울시청 앞에서 집회를 열고, 이어 5월 22일 헌법재판소에 헌법 소원을 제기했다. 이들은 "청년 실업 해소를 위한 법이 오히려 채용 시장에서 약자인 30대 이상 청년 구직자들을 차별하고 있다"고 주장한다.

연령 범위 확대해도 논란은 계속될 것

청년고용촉진법 통과 직후 보도자료 등을 통해 그 성과를 자랑하고 "정원의 5퍼센트, 민간 대기업 적용에까지 확대하지 못한 것이 아쉽다"던 민주당 측은 예상치 못한 후폭풍에 당황했다.

"권고 수준이던 기존 법안을 강제 규정으로 바꾼 것뿐이다"라거나 "민주당뿐만 아니라 새누리당도 이 법안 발의에 함께 참여했다"며 오히려 법안 통과의 의미를 축소하는 형국이다. 장하나 의원실 관계자는 "(29세까지로 제한된) 연령은 법안 통과 후에도 시행령 개정으로 충분히 바꿀 수 있는 부분이라 초기 법안 검토 단계에서 심각히 고려하지 않은 게 사실이다. 30대 구직자들이 받는 역차별을 최소화하기 위해 청년 연령 범위를 확대하도록 시행령을 개정하는 등의 방안을 고용노동부와 논의 중이다"라고 말했다.

하지만 연령 범위를 확대한다고 논란이 해소되기는 쉽지 않다. 청년고용촉진법 시행령에서 청년은 만 15~29세지만, 2012년 1월 민주통합당에서 모집한 '청년 비례대표 국회의원' 자격은 만 25~35세였다. 유엔에서 규정하는 청년(youth)은 15~24세고, 청년 노동조합인 '청년유니온'의 조합원 자격은 만 15~39세다. 이렇게 청년의 정확한 기준이 모호한 상태에서 29세이던 청년고용촉진법 연령 상한선을 30세로 자르면 31세가, 31세로 자르면 32세의 미취업자가 똑같이 억울함을 느낄 수밖에 없다.

그렇기 때문에 이번 개정법안 통과를 추진한 민주당 측은 "나이에 연연해하기보다 20대 실업자에게 좋은 일자리를 많이 제공하자는 이 법의 큰 취지를 생각해달라"고 말한다. 장하나 의원실 관계자는 "청년 실업 문제는 사실 대부분의 20대가 저임금 비정규 일자리를 전전할 수밖에 없는 현실에서 더욱 심화됐는데,

공공기관이나 대기업에서 이런 20대 고용할당제가 시행되면 더 많은 구직자들이 생애 첫 취업 단계에서부터 좋은 일자리에 흡수될 수 있을 것이다"라고 말했다. 설립 이후 줄곧 청년고용할당제 도입을 촉구해온 청년유니온 측 관계자도 "30대 실업자도 안타깝지만 20대 실업률이 가장 열악한 만큼, 당장의 급한 문제를 해결해보자는 법안으로 이해해주면 좋겠다"고 말했다.

하지만 30대 구직자들은 이미 좋은 일자리에 정착하지 못한 채 20대를 넘겨버린 자신이야말로 취업 시장에서 가장 보호받아야 할 약자가 아니냐고 항변한다. 대학 졸업 후 5년간 구직자로 지낸 황수연 씨(33)는 "30대는커녕 대학 졸업 예정자만 뽑는 사기업에는 원서조차 못 내고, 그나마 학력·나이 차별이 없다는 열린 채용 방식의 공기업만 믿고 있었는데, 거기에서조차 외면당하면 정말 갈 곳이 없다"고 말했다. 청년고용촉진법의 수혜자인 20대 구직자들도 그다지 반기지 않는다. 공기업 준비생인 정지은 씨(26)는 "공기업 입사 준비가 보통 2~3년씩은 걸리는데 지금 20대인 나도 그 기간 안에 취업에 성공할 수 있을지 확신이 없다. 오히려 그 법 때문에 더 불안해졌다"고 말했다.

각자 필요한 고용 인력의 사정이 다른 공공기관의 특수성을 무시한 획일적 규제라는 지적도 나온다. 석·박사 학위 소지자 같은 연구 인력이 필요한 공공 연구기관 등이 대표적이다. 대전 소재의 한 공공 연구기관의 경우 올해 신규 채용된 17명 가운데 10명이 30세 이상이다. 석·박사 학위를 20대에 취득하기가 쉽지 않기 때문이다. 이 기관 관계자는 "우리뿐 아니라 대부분의 공공연구기관들이 경영 평가 불이익을 감수하고서라도 청년고용촉진법을 어길 수밖에 없을 것이다"라고 말했다.

"불이익 감수하고 법을 어길 수밖에…"

석사나 박사 학위를 따지 않아도 서른 살이 되기 십상이다. 철도 공기업의 기관사 직군을 준비하는 심동하 씨(34)의 사례를 보자. 공기업 철도 기관사 채용에 응시하려면 철도 면허를 소지해야 한다. 그런데 그 면허를 따려면 별도로 철도공사 등에서 5개월간 시행하는 500만 원짜리(지방 출신 교육생들은 서울 체류비 등을 포함해 비용이 1000만 원에 육박한다) 교육과정을 이수해야 하고, 그 교육과정 역시 최소 1년 정도의 준비 기간을 거쳐야 기회를 얻을 수 있다. 이 절차를 다 거치고 나니 동하 씨는 청년고용촉진법에서 규정한 청년의 범위를 훌쩍 넘어버렸다.

이렇게 취업준비 기간이 긴 것은 비단 공기업 준비생에게만 국한되지 않는다. 한국보건산업진흥원의 보고서 「노동생명표 작성을 통한 노동기간 변화와 특성 분석」에 따르면 지난해 우리나라 국민이 정규 교육과정(고등학교·대학교)을 제외하고 해외연수·기술습득·학원수강·인턴 등의 취업준비 기간이 남성은 평균 8년, 여성은 4년으로 조사됐다.

국회에서 통과된 청년고용촉진법은 이제 정부로 넘어갔다. 여기저기서 제기되는 문제점들에 대해 정부는 일단 '지켜보는 중'이다. 고용노동부 청년정책기획과 사무관은 "연령 범위 확대 등 시행령 개정을 요구하는 민원이 많이 들어와 관련 내용을 검토하고 있지만, 민감하고 중요한 문제라 우리 과에서 간단히 결정하기보다는 여러 곳에서 의견을 수렴해 공감대를 형성해나갈 예정이다"라고 말했다.

현재 청년고용촉진법상 청년의 나이는 원칙적으로, 여전히 15~29세다. 논란이 이어지자 정부는 2013년 10월 30일 청년고용촉진법 시행령을 개정했다. 공공기관과 지방 공기업 채용에서는 청년의 연령을 34세까지로 보도록 예외 규정을 하나 신설했다. 좁은 취업문으로 청년들의 사회 진입기가 늦어지고 있는 현실을 법이 반영할 수밖에 없게 된 것이다.

2013년 6월

괜찮다고
말하지 말 것

2017년 2월 서울 노량진역 인근에 대자보가 한 장 붙었다. "세상은 항상 너희들에게 괜찮으냐고 물었다. (…) 선거 때마다 고시 식당을 찾은 정치인들과 인사를 나누고, 컵밥을 먹고, 손을 잡고, 함께 사진을 찍었다. 그들은 너희들에게 힘들지 않으냐 물었고, 너희는 괜찮다고 말했다. (…) 안다, 안 괜찮은 거. 먹을 것 못 먹고, 입을 것 못 입고, 비좁은 책상에 인격을 자르고 갈라 책에 얼굴을 파묻고 있는 게 괜찮을 리가 없다. (…) 나와라. 안 괜찮다고 말해라." 전국수험생유권자연대가 출범하면서 붙은 호소문 「괜찮다고 말하지 말 것」이다.

취업을 위해 시험을 준비하는 수험생은 전국에 100만 명가량 된다. 바늘구멍을 통과하기 위해 이들은 오늘도 서울 신림동과 노량진 등지 고시원에서 쪽잠을 자고 편의점 삼각김밥을 먹으며 '노오오오력'하고 있다. 노력한 만큼 보상을 받을 수 있다고 믿기 때문이다.

하지만 갈지자 행보를 걷는 정부의 입시·채용 정책에 울며 겨자 먹기로 따라가면서, 정유라의 학사 비리나 최경환 의원의 공기업 채용 외압 의혹 같은 우리 사회 숱한 입시·채용 비리 사건을 목도하면서 수험생들은 점차 희망을 잃어가고 있다. "돈도 실력이야. 능력 없는 니네 부모를 원망해." 이 악몽 같은 환청이 수험생들을 괴롭힌다.

더 이상 참지 않겠다며 수험생들이 직접 나섰다. 같은 공간에서 먹고 자고 공부하고 또 같은 이유로 힘들지만 한 번도 뭉쳐본 일이 없기에 늘 을이고 약자였던 전국 모든 수험생이 처음으로 뜻을 모아 단체를 만들었다.

2017년 2월 28일 노량진에서 출범식을 연 전국수험생유권자연대는 사법고시생, 행정고시생, 교원 임용고시생, 7·9급 공무원 수험생, 경찰공무원 수험생, 대학 입시생 등 모든 수험생을 아울렀다. 각자 공부하는 내용과 진로는 다르지만, 시험을 준비하는 과정에서 겪는 비합리와 불공정의 결은 결국 하나로 모인다는 것을 수험생들은 알아차렸다.

첫 의장을 맡은 이는 사법고시 준비생인 안진섭 씨다. 피자 배달 아르바이트와 사법시험 준비를 병행하는 고시생 진섭 씨는 "우리 수험생들은 임시적인 지위 탓에 언제나 약자의 위치를 당연하게 받아들여왔다. 하지만 수험생으로서 겪은 불공정과 불합리를 짚고 넘어가지 않으면 결국 나 자신에게 돌아온다는 생각으로 이제 목소리를 내보기로 했다"라고 말했다.

사법고시·행정고시 폐지 반대, 임용고시 채점기준표 공개, 공무원 채용 비리 엄단, 각종 특례·특채 축소 등 전국수험생유권자연대는 대통령 선거를 앞두고 당장 시급하게 닥친 각 분야 수험생들의 목소리를 대변하고 있다. 그리고 동시에 '과정 속의 존재'로 놓인 대한민국 모든 청년에게 제안한다. "우리, 괜찮지 않다고 말합시다."

2017년 3월

청년의 것은 청년에게

캐나다에서 신학 연수 중인 황선관 씨(40)는 조이선교회라는 청년 선교단체 간사를 맡고 있다. 2017년 1월 13일 그는 기독교 웹진 『청어람 매거진』*에 글을 한 편 기고했다. 제목은 「이랜드에서 받았던 후원금을 청년들에게 돌려주려 합니다」다. 무슨 이유에서일까?

이랜드는 기독교 정신을 표방하는 기업이다. 그룹 산하 비영리단체 아시아미션은 이랜드그룹에서 발생한 수익금의 일부를 해외 선교사 등에게 후원해왔다. 황 간사도 지난 3년간 매월 20만 원씩, 총 720만 원의 후원금을 아시아미션에서 받아왔다.

재작년 말 황 간사는 한국에서 전해진 이랜드 관련 뉴스를 듣고 깊은 고민에 빠졌다. 이랜드그룹의 한 계열사가 아르바이트

* http://www.ichungeoram.com

노동자들에게 임금을 제대로 지불하지 않았다는 뉴스였다. 애슐리, 피자몰, 자연별곡, 로운샤브샤브 등 이랜드파크에서 운영하는 대형 식당에서 아르바이트하는 많은 청년들이 연차수당, 휴업수당, 연장수당, 야간수당 등을 받지 못했다. 근무시간을 15분 단위로 기록해 임금을 줄이는 '꺾기', 초과노동수당을 지급하지 않으려는 '조퇴 처리' 따위 수법으로 이랜드는 청년 노동자들에게 가야 할 83억7200만 원을 가로챘다.

황 간사는 『청어람 매거진』에 이렇게 썼다. "이런 시대에 소위 '청년 사역자'라는 이름을 가지고 살면서 청년들을 쥐어짜서 만들어진 돈을 제 지갑에 넣고 다닐 수는 없다고 생각합니다." 그래서 그는 반납을 결심했다. "내가 선교비 명목으로 후원받았던 돈은 본래 이랜드파크 아르바이트 노동자들에게 마땅히 돌아가야 할 몫이었다고 생각했기 때문"이다. 부당하게 착취당했던 아르바이트 노동자들 또래를 돕는 청년단체를 찾다가, 황 간사는 청년주거권 운동단체인 민달팽이유니온을 '반납처'로 택했다. 이곳을 통해 앞으로 6년 동안 매월 10만 원씩, 이랜드에서 받은 후원금을 청년들에게 '돌려줄' 계획이다.

괜한 공명심은 아닐지, 후원을 받고 열심히 사역하는 다른 선교사들에게 부담을 주지는 않을지, 단순히 이랜드라는 기업 집단을 욕하기 위해 이런 일을 한다고 오해하지는 않을지 오래 망설이고 깊이 생각했다. 그럼에도 황 간사는 끝내 '유난스러운 일'을 벌였다. 그리스도인이라면, 기독교 기업이라면 세속이 요구하는 것보다 훨씬 높은 윤리적 기준을 지켜야 한다는 신념 때문이다. "좀 유난스럽게 살고, 이랜드에게도 유난스럽게 요구해야 세상이 한 뼘 나아지지 않을까요?"

나아가 황 간사는 선교사를 포함한 이 땅의 모든 사역자에게 제안했다. 혹시라도 같은 마음이라면, 각자의 방식대로 동참해주기를 말이다. 학비가 없어서 괴로워하는 학생, 공공보육 시설에서 나와야 하는 18세 청년 등 누구라도 좋단다. 외딴 곳에서 힘겹게 버티는 청년들의 고통을 덜어주자고 황 간사는 호소했다. 그러다 보면 세상이 한 뼘 나아지리라 그는 믿고 있다.

2017년 2월

지방에서도 다른 세계를 꿈꿔야

나는 지방 출신 서울 사람이다. 평창 동계올림픽 때 "영미!"를 외치던 컬링 팀으로 유명해진 경북 의성군에서 어린 시절을 보냈다. 지금도 꿈을 꾸면 의성 읍내 골목길과 친구들과 뛰어놀던 구봉산 산등성이가 배경이 된다. 무의식에 뿌리 깊게 박힌 내 고향이지만 일상생활에 미치는 영향은 거의 없다. 가끔 마트에서 '의성 마늘햄'을 볼 때 느끼는 반가움과 짠함 정도랄까.

나뿐 아니라 우리 가족 모두가 떠나온 고향을 다시 자세히 들여다본 건 올해 초 편집국에서 지방 소멸에 관한 기획을 꾸리면서다. 의성군은 '지방 소멸 위험 1위 도시'로 꼽힌 상태였다. 노인만 많고 청년과 아이가 없어 이 추세대로 가다간 텅텅 빈 땅이 될 위험이 높다고 매스컴에서 연일 다루었다. "변진경이 거기 출신이라지 않았나?" "거기 가서 지방 소멸 르포 쓰면 되겠네." 추억과 그리움의 공간을 취재 대상으로 삼는 게 그리 탐탁지 않았지만 나도 궁금하기는 했다. 내 고향은 정말 소멸되고 있을까?

어릴 적 친구들을 찾아봤다. 아직 연락이 닿는 몇몇 친구들을 통해 그간 소식이 끊겼던 친구들 소식도 수소문했다. 예상대로 모두 고향 밖에 있었다. 그 가운데 대부분은 부모님도 의성을 떠났다. 의성에 살고 있는 아주 소수의 친구들은 부모님이 의성에서 사업을 크게 하는 등 그곳의 경제적 기반이 넉넉한 경우였다.

고향에 가서 취재해본 결과 '지방 소멸'은 몰라도 '청년 소멸'은 확실히 느낄 수 있었다. 남아 있는 청년 수도 적거니와 청년들이 제대로 숨을 쉬며 살 수 있는 분위기가 아니었다. 그곳에서 20~40대 젊은이들은 개인의 이름이 아닌 '누구누구 손주'로 불렸다. 여전히 70대 이상 어르신들이 기득권을 잡고 주류를 형성하고 있었다.

70대 사장 어르신이 "요새 젊은이들이 다 빠져나가서 걱정이야. 젊은 사람들이 들어오려면 의성에 큰 기업, 자본이 유치돼야지"라고 목소리를 높이던 의성의 한 일터에서, 말단 직원으로 일하던 20대 한 청년은 몰래 나를 비상구 계단으로 불러 작은 목소리로 속삭였다. "여긴 사람 살 곳이 못 돼요. 젊은 사람들은 늙은이들 뒷말이 무서워서 술도 술집에서 못 먹고 모텔 방 잡고 몰래 마셔요."

의성 사는 한 친구는 의성 안에서 놀지도 돈을 쓰지도 않았다. 좁은 읍내에서 다닐 때도 내내 차를 타고 다니고 외부와 접촉하지 않았다. 주말에는 무조건 대구나 안동으로 나갔다. 친구는 "여긴 살 것도 없고 싸지도 않다"고 말했다. 실제로 임대료나 집값, 땅값도 결코 싸지 않았다. 시세가 형성된 동네도 아니고, 오래전부터 자산을 쌓아온 기성세대가 틀어쥐고 부르는 게 값인 동네였다. 젊은이들은 숨을 죽인 채 고향에선 절대 지갑을 열지 않거나 언젠가는 이 지긋지긋한 동네를 나가리라 마음먹으며 견뎌가고 있었다.

내가 고향에서 느낀 이런 점들은 다른 지방에서 살아가는 청년들도 입을 모아 이야기하는 공통점이었다. 꼭 소멸 위험 지역이 아니어도 마찬가지였다. 중소도시, 광역시에 사는 청년들도 똑같이 겪고 있는 문제였다. 지방이라고 더 싸고 넉넉하고 여유로운 것도 없이 인프라만 부족하다. 뭔가 새로운 걸 해보려 하면 '중뿔나다'는 지적만 받는다. 지방의 왜곡된 공동체성은 때로 도시의 익명성보다 무섭다. 무엇보다 그저 나고 자란 곳에서 좋아하는 일을 하며 '살고 싶은' 청년들을 '남아 있는' 패배자로 바라보는 눈길에 지방 청년들은 분노하면서도 주눅 들어 있었다.

오랜 기간 청년과 관련된 기사를 써오며 찜찜한 구석이 있었다. 주제와 사례가 모두 서울 중심이었다. 나를 포함한 모두가 청년 문제를 이야기할 때 저지르는 오류다. 수도권에 사는 청년 인구는 53퍼센트인데 공론장으로 나오는 청년 이야기는 90퍼센트가 수도권(서울) 중심이다. 결코 적지 않은 나머지의 목소리를 들어볼 필요가 있다고 생각했다.

구석구석 귀를 기울여보니 '듣지 않아' 들리지 않았던 지방 청년들의 이야기에는 예상치 못한 부분도 많았다. 바지런하고 꿋꿋한 청년들이 지방 곳곳에서 희망의 씨앗을 뿌리고 있었다. 그들이 고맙고, 그들에게 미안했다. 나처럼 고향을 떠나 "어휴, 저런 데선 못 살겠어" 하는 건방지고 이기적인 '서울 것'들이 진즉에 고향에 돌아가지 않은 것을 땅을 치고 후회할 날이 오면 좋겠다.

소멸 위기에 빠진
'나의 살던 고향'

경북 의성군은 '소멸 위험 지자체 1위'로 꼽히는 곳이다. 노령화지수 1위 지역으로 주민 평균연령이 전국에서 가장 높다. 그러나 이곳에서도 희망을 품은 사람들을 만날 수 있었다.

많은 이들처럼, 나도 오래전 고향을 떠났다. 유년기 전부를 보낸 곳이지만 언젠가부터 왕래가 끊겼다. 어릴 적 친구를 만나러 가끔 갔지만, 이제는 그 친구들도 예전 나처럼 고향을 떠났다. 남아 있던 가족과 나이 많은 친척들도 차례차례 다른 곳으로 빠져나갔다. 만나러 갈 사람이 없으니 고향을 찾아가는 일도 완전히 사라졌다.

어느 날 잊고 있던 고향 소식을 들었다. 이름이 신문 1면에 대문짝만 하게 실려 있었다. '소멸 위험 지자체 1위 경북 의성군.' 내 고향 경북 의성군, 마늘과 공룡 발자국 화석이 유명하고 삼한시대에 조문국이라는 국가가 세워지기도 했던 유서 깊은 고장이다. 넓은 면적(1174.9평방킬로미터, 서울시 면적은 605.2평방킬로미터)과 씨름(이태현 선수가 의성 출신이다), 컬링(의성에서 겨울 스포츠 컬링 국가대표들을 많이 키워냈다)도 의성의 자랑거리다. 유년기 이후 만난 바깥 도시 사람들에게 이런 의성의 특색은 잘 알려져 있지 않았다. 고향을 묻고 난 뒤 마늘 이야기 정도나 나올까, 사람들은 경남 의령과도 자주 헷갈렸다.

그랬던 고향이 최근 고령화와 저출산, 지방의 위기를 논할 때 꼭 등장했다. 유소년 인구 대비 노인 인구 비율이 가장 높은 노령화지수 1위 지역(통계청 「2016 인구주택총조사」), 주민 평균연령(55.1세)이 가장 높은 지자체(2017년 3월 말 기준 행정자치부 「주민등록 인구조사」), 65세 이상 인구 비중 대비 20~39세 여성 인구 비중이 가장 작은, 소멸 위험 1위 기초단체(2016년 3월 한국고용정보원 「한국의 지방 소멸에 관한 7가지 분석」)와 같은 타이틀이 주어졌다. 내 고향은 이제 '지방 소멸'의 대명사로 불리고 있다.

한때 '웅군(雄郡)'이라 불리던 의성이었다. 면적도 넓고 인구도 많았다. 1965년 21만여 명에 이르던 의성군민 수는 내가 태어나던 1984년에 12만5552명, 대도시로 이사 나온 1996년에는 8만3636명으로 줄었다. 2017년 11월 기준 의성군민 수는 모두 5만3479명. 이 가운데 37.5퍼센트가 65세 이상 노인이다.(2015년 「의성 통계연보」) 통계에 적힌 숫자들은 '네 고향은 지금 소멸하고 있다'고 말하고 있었다. 진짜, 내 고향은 사라지고 있을까? 소멸 위기 고향을 2017년 12월 20일 다시 찾았다.

의성읍 문소3길 96,
공생의원

태어난 곳부터 가보았다. 의성읍 중심지에 위치한 공생의원. 1984년 어느 여름날 이 병원(당시에는 공생병원이었다) 산부인과에서 어머니가 나를 낳았다. 어릴 적 친구들과 함께 "나의 살던 고향은, 의성 공~생병원"이라며 가사를 바꿔 노래를 불렀다. 읍내 유일한 산부인과였기에 옆집 친구도, 학교 단짝도 모두 공생병원에서 태어났다. 경상북도 통계연보를 뒤져보니 내가 태어난 1984년 의성군 신생아 수는 3029명이었다. 그중 상당수가 나처럼 공생병원 출신이리라.

공생병원은 33년 전처럼 위치도 건물도 그대로였다. 하지만 이제 이곳에서는 아기가 태어나지 않는다. 산부인과가 없기 때문이다. 현재 이 병원에서 일하는 의사는 내과, 신경외과, 성형외과 전문의 각 한 명씩뿐이다. 분만실 병상 수는 0개, 물리치료실 병상 수는 20개다. 병원 대기실에는 보행보조기와 지팡이에 의지한 노인들이 잔뜩 앉아 있었다.

지금 의성에는 신생아를 받을 수 있는 분만 산부인과가 단 한 곳도 없다. 2015년 3월 의성군 안계면에 위치한 영남제일병원에 산부인과가 개설됐지만 분만이 연계되지 않은 외래 산부인과다. 그나마 마지막 하나 있던 산부인과가 1997년 경영난으로 문을 닫은 후 하나도 없다가 18년 만에 보건복지부의 '분만 취약지

지원사업' 공모로 예산을 따내 겨우 개설된 곳이다. 2017년 7월 다른 지역에서 의성으로 이사 온 신성미 씨(26)는 읍내 미용실에서 "의성에는 아이 받는 산부인과가 하나도 없다"는 이야기를 듣고 깜짝 놀랐다. 임신을 준비하던 성미 씨는 인터넷을 뒤진 끝에 외래 산부인과가 개설된 안계면의 영남제일병원을 산전 검사차 방문했지만 "산모도 없이 썰렁한 분위기에 보건소 수준의 진료"에 실망해 다른 병원을 수소문했다. 알고 보니 의성의 임산부들은 모두 왕복 2시간씩 차를 운전해 안동·구미·대구 등지의 산부인과로 '원정' 검진을 다니고 있었다. 출산도, 산후조리도, 신생아 예방접종과 영유아 건강검진도 거의 의성 밖에서 해결해야 한다는 이야기에 성미 씨는 걱정이 크다. "공기 좋고 한적해 아이 키우기 좋을 것이라 생각했는데 당장 임신·출산 때 발생하는 기름값과 왕복 시간도 만만치 않을 것 같다." 2016년 기준 한 해 의성군 출생아 수는 270명에 불과하다.

산부인과가 사라진 공생의원 옆에는 전에 없던 신축 건물이 하나 보였다. 요양병원이다. 어릴 적 기억 속 쌀집, 신발 가게, 합기도 학원이었던 읍내 요지마다 요양병원·요양센터·노인복지센터가 들어서 있었다. 「의성 통계연보」에 따르면 요양병원과 같은 노인의료복지시설은 2007년 3곳에서 2015년 17곳으로, 방문요양 서비스 등을 제공하는 재가노인 복지시설은 같은 기간 3곳에서 14곳으로 늘었다. 일자리도 바뀌었다. 유치원 입학식 날 고데기로 내 머리를 말아주던 읍내 미용실 아주머니는 지금 장례식장 도우미로 일한다고 한다. 한 어린이집 운영자는 최근 장례식장을 새로 열었다. 2017년 11월 한 달 동안 의성군에 17명이 출생신고를 했고, 76명이 사망신고를 했다.

의성읍 군청길 26,
의성초등학교

다니던 초등학교도 옛 모습 그대로였다. 아니, 더 커지고 깨끗해졌다. 운동장 뒤에는 전에 없던 체육관도 새로 생겼다. 현재 의성초등학교 전교생은 모두 522명. 한 학년 학생만 180여 명에 이르던 내 재학 시절과 비교하면 절반 수준이지만, 하교 시간 초등학교 운동장과 정문 앞은 여전히 아이들 재잘거림으로 활기찼다.

다만 여느 도시와 다른 풍경 하나가 눈에 들어왔다. 노란색 버스 다섯 대가 시동을 켜고 차 안 공기를 데우고 있었다. 학교에서 나온 아이들 상당수가 이 셔틀버스를 타고 안평면·사곡면·춘산면 등 읍내 바깥 마을로 향한다. 면 소재지의 폐교된 초등학교와 '통합'돼 원거리 통학을 하는 학생들이다. 내가 태어난 1984년만 해도 의성군의 초등학교 수는 모두 66개였다. 의성을 떠나던 1996년에는 46개로 줄어 있었다. 이후에도 한 해에 한 곳 이상씩

사라져, 이제 의성군에는 초등학교가 18개만 남아 있다.

유치원과 어린이집도 사정이 비슷하다. 1996년 33개였던 유치원은 2016년 15개로 줄었다. 1992년부터 의성읍에서 보육시설을 운영해온 한 어린이집 이사장은 의성의 '소멸 위기'를 체감한다고 말했다. "처음 어린이집을 시작했을 때는 아이들이 넘쳐서 못 받을 정도였다. 오전에 한 아이가 퇴소하면 오후에 새로 들어왔다. 건물이 모자라서 짓고 또 짓고 했는데, 지금은 텅텅 비어 있다. 그래도 7~8년 전만 해도 정원은 채워냈는데 최근 몇 년 사이 급속도로 원아 모집이 어려워졌다." 1990년 의성의 만 0~9세 아이는 모두 1만2167명으로 전체 연령 대비 12.6퍼센트를 차지했다. 2015년 만 0~9세 아이는 모두 합쳐 2224명뿐이다. 전체 연령 대비 4.1퍼센트다. 의성 사람 100명 중 10세 미만 어린아이는 4명 남짓인 셈이다.

의성읍 염매시장길 6,
염매시장

어릴 적 어머니 손을 잡고 드나들었던 쇼핑 중심지인 상설시장 염매시장을 찾았다. 분명 사람들 틈에 부대꼈던 기억이 남아 있는 곳인데, 2017년 12월 20일 염매시장은 저녁 찬거리 준비할 시간에도 행인들이 없어서 한적했다. 빈 점포도 드문드문 눈에 띄었다. 이 시장 입구에는 아카데미극장이라는 큰 영화관이 있었다. 지금 의성군민회관 자리에 있던 의성극장까지, 읍내에만 그럴싸한 영화관이 두 개였다. 젊은 사람들이 모여 영화 보고 쇼핑하던 청춘의 거리는 이제 흔적도 없이 사라졌다.

지금 의성에 사는 젊은 사람들은 거의 의성 밖에서 돈을 쓴다. 다섯 살 아이를 둔 민수영 씨(33)는 "아이 데리고 놀거나 먹을 만한 데가 없다. 토요일은 안동의 마트, 일요일은 대구의 백화점, 이런 식으로 매 주말 무조건 나간다"고 말했다. 사업차 1년 전 의성에 들어온 이정민 씨(35)는 "의성에서 젊은 사람들이 놀 곳이라곤 길거리 지나가다가 본 인형뽑기 기계 두 대 정도밖에 생각이 안 난다"고 말했다.

의성에서 청년층 이탈은 특히 여성의 경우 더 두드러진다. 초등학교 졸업 앨범을 펼쳐 의성에 남아 있다고 알려진 여자 동창 수를 세어봤다. 열 손가락이 다 필요하지 않았다. 실제 2014년 기준 의성군에 사는 20~39세 여성 인구 비중은 6.6퍼센트로 전국에서 가장 낮다. 65세 이상 고령인구 비중(34.9퍼센트)과 견줬을 때 나오는 상대비도 0.19로 전국 꼴찌다. 『지방 소멸』(마스다 히로야 지음, 김정환 옮김, 와이즈베리 펴냄, 2015)에서는 이 상대비가 낮은 지역일수록 '소멸 위기'가 높다고 분석했다. 한국고용정보원 이상호 부연구위원의 말처럼, "고령화로 인해 인구 재생산의 잠재력이 극도로 저하된 상태에서 (가임기 인구에 해당하는) 젊은 여성이 머무르지 않는다면 그 사회가 유지될 수 없다는 것"이다.

전남 고흥군, 경북 군위군, 경남 남해군 등의 '소멸' 위험지수도 의성군과 같거나 바짝 뒤쫓고 있다. 도시도 소멸 위험지수가 낮지 않다. 부산 영도구(-44.1퍼센트), 대구 서구(-42.5퍼센트) 등 산업단지가 쇠퇴한 도심지의 2004~2014년 20~39세 여성 인구 감소율은 의성(-43.2퍼센트)이나 전남 고흥(-45.1퍼센트)과 그리 다르지 않다. 마스다 히로야는 "현재와 같은 고령화 추세 속에서 지방이 소멸하고 나면 그다음 차례는 대도시가 된다"고 주장했다. 내 고향 의성의 현재는 대한민국 모든 지역의 미래일 수 있다.

의성읍 원당리 구봉산 위
문소루

의성읍 전체를 조망할 수 있는 마을 뒷산 구봉산에 올랐다. 구봉산 북쪽 능선에는 진주 촉석루, 밀양 영남루, 안동 영호루와 함께 영남 지방의 4대 누각 중 하나로 불렸다는 의성의 랜드마크 문소루가 서 있다. 어린 시절 학교 소풍, 그림 그리기 대회마다 단골로 방문하던 곳이다. 이 추억의 장소 주변에 어린 묘목 20여 그루가 지지대에 의지해 옹기종기 심어져 있었다. 의성에서 태어난 신생아의 명찰을 단 '생명의 꿈나무'다. 2003년부터 의성군청은 매년 식목일마다 구봉산 등지에 그해 태어난 아기 이름으로 벚나무와 전나무 등을 심어주는 사업을 벌여왔다.

노인만 남고 젊은 사람과 어린아이들이 없어지는 동안 지방자치단체에서도 갖가지 노력을 해왔다. 의성군청은 나무 심어주기는 물론이고 아기를 낳은 집에 미역과 황태, 아기 속옷 등이 담긴 선물 꾸러미를 보낸다. 첫째 아이 100만 원, 둘째 아이 150만 원, 셋째 아이 50만 원씩 출산장려금을 주고, 셋째 아이부터는 만 5세까지 매달 25만 원씩(총 1500만 원), 넷째 아이부터는 만 5세까지 매달 30만 원씩(총 1800만 원) 다자녀 양육비를 지급한다. 의성군청 관계자는 "나름대로 열심히 노력하는데 밖에서는 소멸 어쩌고만 하니까 여기 사는 사람들 처지에서는 참 곤혹스럽다"고 말했다.

의성이 다시 살아나기 위한 방법은 무엇일까? 나이 든 사람들 중 대다수는 "뭐가 들어오는 수밖에 없다"고 말한다. 무언가를 '유치'하는 일은 오랜 세월 의성군의 숙원이었다. 전에는 경북도청(대구에 있던 경북도청 유치를 위해 의성군을 비롯한 경북 내 여러 지자체가 경쟁했다)이 그 희망이었다면, 그것이 좌절(경북도청은 2016년 2월 안동시 풍천면으로 이전했다)된 이후에는 K2, 대구통합신공항 유치를 염원하고 있다. 취재 중 만난 한 60대 의성 주민은 말했다. "강원랜드 같은 외부 투자, 아니면 극단적으로 쓰레기 매립장이나 핵폐기물 처리장 같은 혐오시설이라도 하나 맡아 외부 자본과 인구가 유입되지 않는 한 솔직히 의성은 답이 없다고 본다."

부작용을 감수해야 하는 이런 '유치'만이 유일한 대안일까? 의성청년이룸협동조합 박지혁 대표는 "바깥에서 자본과 사람을 끌어오는 것도 필요하지만 일단 여기 사는 사람들을 안 나가게 만드는 게 더 중요하다"고 말했다. 20~40대 의성 청년들이 모여 만든 의성청년이룸협동조합은 마늘테마파크 내 유휴 공간에 의성군청이 마련한 의성 내 유일한 키즈카페를 위탁 운영하고, 의성 청년아카데미와 의성 노인대학을 꾸려가는 등 지역 내 교육·문화 인프라를 만들어나가고 있다. 박 대표는 "평균연령이 높은 동네라 젊은 층이나 어린아이들을 위해 교육·문화 투자를 하자는 건의를 해도 지역 내 어른들에게 잘 먹히지 않았다. 다행히 최근 들어서는 '이제는 젊은 층에게 정책 주도권을 넘겨야 한다'는 여론이 조금씩 높아지고 있다"고 말했다.

의성군 옥산면에서 어린 시절을 보내다 대도시로 나갔던 이새벽 씨(32)는 몇 년 전 다시 의성으로 돌아왔다. 할머니 등 가족이 살고 있는 이 고장이 "엄청나게 발전하기보다는, 그냥 없어지지 않고 사람들이 소소하게나마 행복하게 살았으면 좋겠다"는 생각을 하며 자신의 미래도 구상했다. 2017년 5월 새벽 씨는 의성군 봉양면 파출소 옆에 '블루하라'라는 이름의 작은 카페를 열었다. 면 소재지 여느 '다방' 스타일과는 달리 인문·사회·예술 책을 갖다 놓고 세미나실 같은 공간도 마련했다. 올해 1월부터는 의성 지역 주민들과 독서모임을 꾸리기 시작했다. 새벽 씨는 "전시회도 열고, 독립출판물과 접목도 하면서 의성에서 문화를 만들어내는 사랑방 같은 구실을 하고 싶다"고 말했다.

'소멸 위기' 내 고향에는 아직도 희망을 품은 사람들이 여럿 살고 있다. 1996년 의성에서 대도시로 이사 가기 전날 내가 썼던 일기장을 찾아 읽었다. "나고 자란 고향을 떠나게 됐다. 의성 친구들, 나무, 하늘, 골목길 다 모두 너무 그리울 것 같다. 꼭 다시 만날 수 있겠지?" 22년 후에 만난, 소멸 위기에 빠진 '나의 살던 고향'은 앞으로도 누군가의 고향이 될 수 있을까?

2018년 1월

지방 청년으로 산다는 것 그리고 꿈꾼다는 것

청년 문제는 '수도권에 사는 청년의 문제'로 귀결되곤 한다. 지방 청년의 문제는 뒷전이다. 하지만 지역 불균형이 청년 세대를 만났을 때 청년 문제는 훨씬 더 악화된다.

100명 중 53명. 우리나라 20~39세 인구 가운데 서울을 비롯한 수도권에 사는 청년들의 비율이다.(2017년 5월 통계 기준) 전체의 절반이 넘기에, 서울과 그 인근 청년들은 종종 대한민국 청년의 대표성을 부여받는다. 특히 청년 문제를 논할 때 그 대표성은 더 두드러진다. 청년 주거 문제는 서울 주요 대학가의 원룸 시세를 기준으로 이야기되고, 청년 노동 문제는 서울 지역 프랜차이즈 아르바이트생들의 처우를 중심으로 그 해결책이 모색되는 식이다.

100명 중 47명. 소수가 아님에도 불구하고 지방 거주 청년들의 목소리는 좀체 들리지 않는다. 지방 청년 문제는 그들이 스스로 말하기보다 서울 사람들에 의해 서울의 관점으로 '말해져'

왔다. 이 관점에서 지방 청년 문제란 지방의 (열악한) 환경을 뚫고 (선진화된) 서울의 대학 혹은 일자리로 진출할 때 겪는 차별 정도로 축소된다. 지방에서 현재 살고 있고 살아가기 위한 청년의 고민이 아니라 지방에서 '벗어나기' 위한 청년의 고민인 것이다.

47명의 고민은 53명의 고민과 같되 다르다. 주거, 노동, 교육, 취업, 문화 측면에서 지방 청년은 서울 청년과 정도만 다를 뿐 기본적으로 비슷한 어려움을 겪는다. 그러나 단순히 청년 보편의 문제로 묶을 수 없는 '결이 다른' 지방 청년들의 문제 또한 분명히 존재한다. 우리 사회 고질적 병폐인 지역 불균형이 청년 세대를 만났을 때 청년 문제는 훨씬 더 악화된다. 사회가 함께 고심하는 해결책은 보편적 의제로 수렴되기 마련이지만, 이들이 겪는 특수한 어려움은 개인이 돌파하게끔 내맡겨져 있다. 이 각자도생의 짐을 사회가 함께 나누어 질 방법을 찾기 위해, 광주·대구·부산·울산·원주 등 다양한 지방 청년들의 목소리를 찾아 나섰다.

"여기에선 200만 원 이상 벌기 힘들어요"

광주에 사는 3년 차 직장인 정도연 씨는 말했다. "항상 돈에 쪼들려요. 매달 월급은 나오지만, 서울 가서 비슷한 일을 하는 다

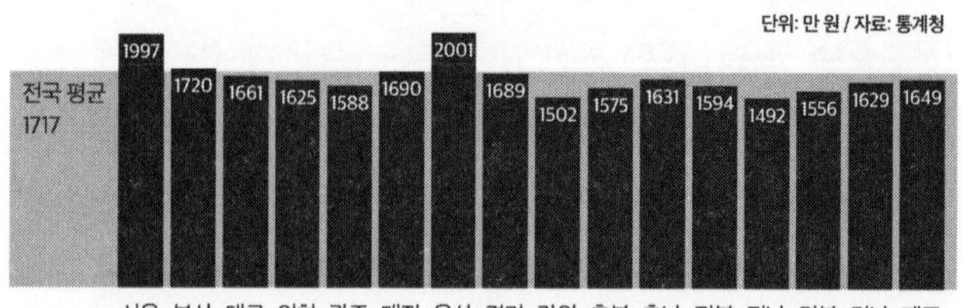

른 친구들과 비교하면 너무 적어요. 생활에 필요한 것이나 하고 싶은 것들은 그 친구들과 비슷한데…. 매일 그만둘까, 이직할까만 생각하고 있어요."

지방은 1인당 평균 소득이 낮다. 2015년 시도별 연간 개인 소득 통계를 보자. 울산(2001만 원)을 제외한 모든 지역의 개인 소득이 서울(1997만 원)과 큰 차이로 뒤떨어져 있다. 그렇지 않아도 청년은 다른 세대에 비해 소득수준이 열악하다. 2017년 통계청의 「가계금융 복지조사」 결과에 따르면 30세 미만의 가구소득(3406만 원)은 전체 평균 4770만 원에 훨씬 못 미쳤다. 전해에 비해 소득 증가율이 마이너스를 기록한 세대도 30세 미만이 유일했다.

낮은 '지방' 소득이 낮은 '청년' 소득을 만나면 어떨까? 이를 보여주는 전국 통계는 아직까지 나온 바가 없다. 다만 지방자치단체나 지역 청년단체가 각각 조사한 내용으로 미루어 짐작할 수 있다. 대구 청년유니온이 2016년 만 15~39세 청년 노동자 802명을 대상으로 실시한 「대구 지역 직종별 청년노동 실태조사」 결과에 따르면, 대구 지역 청년들의 한 달 평균임금은 175만 원이었다. 주당 평균 근로시간은 51.5시간. 시급으로 나누었을 때 간당간당하게 최저임금을 넘기는 수준이다.

전주 청년단체 '청년들'에서 전주시 등 전북권에 거주하는 청년 1077명을 대상으로 한 조사에서 전주 청년 월평균 소득액은 140만 원으로 나타났다. 광주시 「2015년도 광주의 사회지표」에 따르면 20~39세 청년 가구 가운데 16.1퍼센트가 월평균 100만 원, 54.8퍼센트가 200만 원 미만의 소득을 얻는다. 광주시의 「광주 지역 청년 취약성과 자립기반 연구 보고서」에 따르면, "여기에선 200만 원 넘게 버는 사람 찾기 힘들어요"라는 광주 비정규직 청년 박소미 씨(27)의 말이 과장이 아니다.

"소득은 촌스러운데 물가는 서울스럽네"

적게 벌고 적게 쓸 수 있으면 다행이겠건만 지방 청년들이 감당해야 하는 지출 수준은 서울 못지않다. "지방이라고 서울 청년들보다 욕구가 낮지는 않잖아요. 우리도 서울하고 똑같은 프랜차이즈 카페에서 커피 마시고 쿠팡 같은 데서 필요한 물건들 사서 쓰는데, 지방이라고 더 싼 것도 아니잖아요"라는 대구의 대학생

김정민 씨(27) 말처럼, 전국 청년들의 소비 수준은 이미 '상향 평준화'되었다.

청년들의 주요 소비지출 항목인 식비·주거비·교육비·교통비·통신비 가운데 지방 청년들에게 유리한 항목이라곤 주거비 정도밖에 없다. 통신비에는 지역 할인이 없고 지역 소재 대학이라고 등록금이 낮지도 않다. 오히려 부실 대학으로 선정되는 등 국가장학금이나 학자금 대출이 제한되는 경우가 허다하다. 교통비도 지하철·버스 인프라가 잘 갖춰져 있는 서울보다 더 많이 들기 십상이다. 부산의 직장인 정승윤 씨(31)는 "서울에 사는 청년이 경기도에 있는 직장에 많이 다니듯 부산에서도 외곽 지역의 일자리를 얻는 경우가 많은데, 여긴 수도권처럼 광역 교통망이 잘 갖춰져 있지 않아 어쩔 수 없이 비싼 유지비를 들이며 자가용을 몰고 다니는 경우가 많다"고 말했다.

그래도 지방은 '시골 인심'의 싸고 맛있는 식당이 많아 밥값 걱정은 덜하지 않겠냐는 생각이 든다면, 강원도의 한 대학에 다니고 있는 김희연 씨(25)의 이야기를 들어봐야 하겠다. "우리 학교는 도심과 떨어진 곳에 있어 대학가 상권도 아주 작게 형성돼 있다. 그래서 대학가 식당 음식의 질과 가격이 아무리 형편없어도 학생들은 사 먹을 수밖에 없다. 그걸 알고 식당 주인들은 위생관리도 안 하고 가격도 제멋대로 올려버린다. 특히 학교식당이 문을 닫는 주말이나 방학 기간에는 더하다. 학생들은 울며 겨자 먹기로 사 먹거나 아니면 편의점으로 향한다."

"지방 방값 싸다는데 왜 빚더미에 앉았을까"

그나마 양호하다는 주거비 부담도 지방 청년들에게는 결코 만만한 수준이 아니다. 부모와 함께 거주할 수 있는 확률이 높고 서울보다 방값의 절대 금액이 낮다는 이점은 분명 존재한다. 하지만 자신만의 벌이로 온전히 독립생활을 꾸려가는 지방 청년들 앞에 가로막힌 주거비용의 벽은 서울 못지않게 높고 단단하다.

부산에서 문화기획 일을 하는 김현진 씨(25)는 스무 살 이후 스무 번 넘게 이사를 다녔다. 수입의 절반 이상을 방값에 들이는 데도 하나같이 살기 어려운 방이었다. 화장실이 마당 건너편에 있는 노후 주택에서부터 에어컨 하나만 틀면 한 층의 방 모두가 그 냉기를 공유할 수 있는 '임시 칸막이' 고시원까지 두루 겪으면서 '이게 내 잘못만은 아닌 것 같다'는 생각을 하기 시작했다. 현진 씨는 "부산에는 주거 문제가 없다는 이야기를 하는 사람들을 보고 '나만 이렇게 힘든 건가' 생각하다가 주변 다른 부산 친구들도 같은 고민을 한다는 사실을 알고 분명 사회문제가 맞다는 결론을 내렸다"고 말했다.

서울이라면 겪지 않을 지방 청년의 특수한 주거 문제도 있다. 지방 대학가 원룸촌에 성행하는 연세(年貰, 혹은 선세(先貰)라고 부르기도 한다) 계약이 대표적이다. 충북의 한 대학교에 입학한 신민찬 씨(20)는 지난 2월 학교 앞의 한 원룸을 연세 210만 원에 빌렸다.

연세 계약이란 1년치 월세를 한꺼번에 내는 방식이다. 월세로 치면 한 달 20만 원도 되지 않는 셈이라 처음에는 싸다고 생각했다.

문제는 입학 한 달 만에 재수를 하기 위해 학교를 자퇴했을 때 벌어졌다. 집주인은 미리 낸 1년치 연세를 하나도 돌려주지 않았다. "새 세입자를 구해주면 돌려주겠다"고 했지만 내년 신학기가 돌아올 때까지 그 원룸촌에는 민찬 씨처럼 빠져나가는 학생만 많을 뿐 새로 유입될 학생은 사실상 전무하다. 민찬 씨는 결국 그 돈을 포기했다. 이런 경우가 지방 대학 학생들에게는 비일비재하다고 한다.

불합리한 계약임을 알지만 학생들은 선택지가 없다. 강원도에서 대학을 다닌 김병민 씨(26)는 "인근에서 연세가 성행하는 대학일수록 기숙사 시설과 학교 셔틀버스 운영도 부실하다. 중간에 사정이 생겨서 연세를 날리게 되더라도 당장 학교를 다녀야 하니 그런 방을 계약하게 된다"고 말했다. 그 '버리는 돈'이 1년에 200~300만 원에 불과하다고 하지만 학기마다 300~400만 원에 이르는 대학 등록금과 동시에 마련해야 한다는 점을 고려하면 결코 만만한 금액도 아니다.

"사장과 싸우면
블랙리스트에 오른다"

지방 청년 노동자는 일이 힘들어도 잘 참는다. 그럴 수밖에 없다. '가족처럼' 일하는 일터 분위기 때문이다. 대구 지역 한 중소기업의 사무직 청년은 자신이 다니는 회사의 좋은 점과 나쁜 점에 대해 이렇게 말한다. "사원들이 가족 같은 분위기에서 지내는 것이 좋은 부분이에요. 서로 잘 챙겨주고 형제처럼 서로 고민도 나누고 하는 부분들은 좋은 것 같아요. 그런데 대신 권위적이죠. 시키면 시키는 대로 하고 까라면 까야 해요. 원래 가족 같은 분위기에서 권위적인 경우가 많습니다."(대구청년유니온·뉴스꼴리지의 대구 청년 인터뷰집 『아는 사람 이야기』 중에서)

'가족 같은' 분위기는 가장과도 같은 고용주를 배신한 노동자를 용서하지 않는다. 대구 청년유니온 이건희 사무국장(27)은 "노동 상담을 해보면 사장이 제대로 임금을 주지 않거나 부당행위를 해도 좁은 동네에서 계속 일하고 살려면 어쩔 수 없다며 문제 제기를 꺼리는 청년들이 많다. '뒤통수 칠 순 없다'는 정서가 강하다"고 말했다. 용기를 내 고용주와 '한판 붙은' 청년들은 그 동네 '알바생 블랙리스트'에 오르기도 한다. 대구의 대학생 공의영 씨(22)는 "한 카페에서 아르바이트생이 사장과 갈등을 빚다가 그만뒀는데 이후 인근 다른 카페 사장들 사이에 블랙리스트처럼 돌아서 그 학생이 새로 일을 구하기 어려웠다고 한다"라고 말했다.

강원도 원주에 사는 김유미 씨(24)는 A사 프랜차이즈 매장에서 손님의 성추행 문제로 점주와 싸우고 나온 뒤 새로 아르바이트를 구하다가 황당한 일을 겪었다. 아르바이트 공고를 보고 찾아간 B사 프랜차이즈 매장에는 며칠 전 싸운 A사 매장 점주가 앉아 있었다. 시내에 여러 개의 프랜차이즈 매장을 가진 문어발 점주였던 것이다. 부당노동 행위에 맞서는 데 지방 청년들은 서울보다 훨씬 더 큰 용기를 내야 한다. 그 지역에서 다시는 일자리를 얻지 못할 각오까지 해야 '갑'에게 맞설 수 있는 것이다.

지방 청년들의 노동은 고되고 외롭다. 이를 입증하는 여러 조사 결과가 있다. 2017년 대구 청년유니온 조사(802명 답변) 결과 대구 청년 노동자의 84.5퍼센트가 법정 근로시간을 초과해 일했다. 63.2퍼센트가 시간외수당을 받지 못했으며, 100퍼센트가 근무 때 정서적 소진감을 호소했다. 광주 지역 배달 노동 청년들을 대상으로 한 광주 청년유니온의 실태조사(210명 답변)에서는 78.9퍼센트가 휴게 시간 없이, 71.5퍼센트가 식사시간 없이 일을 한다는 결과가 나왔다. 부산 청년유니온의 대학생 아르바이트 실태조사(430명 답변) 결과 부산 지역 아르바이트생의 57퍼센트는 부당대우를 받아도 참고 넘어가거나 조용히 일을 그만뒀다.

"다른 꿈을 꿀 기회가 없다"

튀어서 득이 될 게 없는 노동 현장처럼, 많은 지방 청년들은 미래를 꿈꿀 때도 공무원 시험 준비 같은 안전책을 택한다. 조금 '다른' 꿈을 꾸는 청년들에게 지방은 훨씬 더 살아가기 가혹한 곳이기 때문이다.

영화인을 꿈꾸는 부산 청년 정은지 씨(24)는 '부산에서 영화 일을 한다는 건 참 외로운 일이다'라는 생각을 많이 한다. 국내 최대 영화제가 열리는 영화 도시 부산에서조차 말이다. 은지 씨에게 1년 동안 머물렀던 서울에 비해 고향 부산은 같은 꿈을 꾸는 친구도 적고, 알찬 영화 관련 교육도 부족한 '영화 불모지'다. "관련 교육 프로그램을 찾아봐도 영화적 상상력을 높일 수 있는 흥미로운 강좌가 아닌 단순 취업이나 자격 획득을 위한 형식적 강좌 일색이다"라며 은지 씨는 아쉬워했다.

울산의 취업준비생 하인희 씨(27)도 비슷한 이야기를 했다. 제조업이 발달한 울산은 청년 취업률이 높고 평균 소득도 서울 못지않게 높은 지역이지만, 이 좋은 여건은 제조업체에 취업하는 청년에게만 해당된다. 언론계 진출을 희망하는 인희 씨처럼 좀 독특한 진로를 준비하는 청년들은 지역에서 외롭고 힘들다. "여기는 산업 편중이 너무 심해서 솔직히 제조업 쪽으로는 쉽게 들어갈 수 있고, 연봉도 3000~4000만 원씩 받을 수 있지만 다른 직종으로 가고 싶다 하면 아주 '개고생'을 하게 된다. 지금 그걸 몸소 뼈저리게 느끼고 있다. 언론계 취업을 위해 함께 공부할 선후배가 없고 관련 업계 정보들을 구하기가 어려워 두 배 세 배 힘들다."

다른 '꿈'이 꼭 다른 '일자리'를 뜻하지는 않는다. 원주 청년 김유미 씨(24)는 지방에서는 다양한 경험과 관점을 통해 청년들이 스스로를 성장시킬 수 있는 문화 인프라가 턱없이 부족하다고 느낀다. "시내에 멀티플렉스 영화관만 4개가 있다. 번듯한 문화시설이 있는데 뭐가 부족하냐 하지만 독립영화에 관심이 많은 나로서는 영화 볼 데가 없다. 독립 출판, 페미니즘, 인디밴드 이런 것들을 배우거나 접하고 싶으면 결국 서울로 가야 한다." 팟캐스트 〈부산의 달콤한 라디오(부달라)〉*를 운영하는 김서희 씨(23)는 "지방에서는 하고 싶은 일을 해서 돈을 버는 것이 너무 어렵다"고 말한다. "팟캐스트를 시작하기 전까지는 대안 미디어 쪽 일을 하고 싶어도 발 담글 곳조차 없었다. 지역 공무원을 만나 이런 어려움을 호소했더니 '일자리창출과에 문의해보라'더라. 지역 청년 문제를 무조건 일자리로만 접근하는 시선이 답답했다."

지역 내 지나치게 끈끈한 관계망 때문에 지방 청년들은 새로운 도전을 주저하기도 한다. 전남 순천 지역에서 청년 네트워크 활동을 벌였던 김혜진 씨(31)는 "지방에서는 청년들 사이에서조차 모난 돌이 정 맞는다는 인식이 심하다"고 말했다. "사람들이 서

* http://www.podbbang.com/ch/10869

로들 잘 아니까 기존 체제에 비판적 의견을 내거나 새로운 변화를 이끌어내기가 힘들다. 가령 누군가 지역 내에서 뭔가 튀는 활동을 벌인다 하면 주변에서 수군거린다. '쟤가 초등학교 때는 이랬는데, 쟤 부모가 누구인데…' 하면서. 현재 활동이 아니라 과거 이력으로 평가받으니 다른 세상을 꿈꾸거나 현재 삶을 바꿔보려는 시도를 하기 어렵다." 대구 청년유니온 최유리 위원장은 "현재 지역 공동체 안에 청년들이 스스로를 성장시킬 수 있는 기회가 없다. 성장이 멈춘 이곳에서 돌파는 오로지 개인의 몫이다"라고 말했다. 그렇다면 지방 청년에게 돌파구는 세 가지 중 하나다. 벗어나거나 체념하거나, 혹은 바꾸거나.

2017년 7월

“우리는 지방에 ‘남’지 않고 ‘살’고 있다”

지방에서 만난 ‘꿈꾸는’ 청년들은 하나같이 말한다. “원하는 곳에서 원하는 일을 하며 살고 싶어요.” ‘원하는 일’이란 꼭 일자리만을 뜻하지 않는다. 서울에 가지 않아도 좋은 일을 하고, 좋은 집에 살고, 좋은 문화생활을 누리며, 좋은 꿈을 꿀 기회의 폭을 지방 청년들은 갈망하고 있었다. 여기에서 ‘좋다’의 기준은 주류 사회가 규정한 것이 아니다. 각자가 정한 다양하고 좋은 삶의 잣대를 품고도 별나다는 소리를 듣지 않고 지역에서 살 수 있기를 바랐다.

그 꿈을 실현하기 위한 토양이 부족하다고 느낀 청년들은 스스로 기반을 다져나가기 시작했다. 형태는 다양하다. 함께 모여서 책을 읽고, 밥을 먹으며, 여행을 다니고, 지역 청년 잡지를 발행하거나, 팟캐스트 방송을 하기도 한다. 노동 의제를 발굴하고, 주거공동체를 꾸리며, 지방자치단체가 지원하는 사업에 참여하거나,

민관 협의체 기구에 들어가 청년 정책을 제안하기도 한다. 많은 사람들이 '지방은 답이 없다'며 낙담하고 비아냥대며 손을 놓고 있을 때, 어떤 지방 청년들은 부지런히 밭을 일구고 있다.

지방 청년에게
'하늘에서 내려온 동아줄'이란

대전의 대학생 서한나 씨(26)는 글을 쓰고 남에게 보여주는 일이 좋았다. 비슷한 욕구로 사진을 찍거나 그림을 그리는 친구들과 의기투합해 잡지를 만들어보고 싶었다. 하지만 기반이 없는 상태에서 시작하기 만만한 일이 아니었다. 우연히 학교 근처 카페에서 웹진『보슈』*를 읽고 모집 공고가 날 때까지 기다렸다.『보슈』는 한나 씨와 같은 갈증을 느끼던 대전의 2030 청년들이 2014년 3월부터 발행해온 비영리 청년 잡지다. 현재 에디터로 활동 중인 한나 씨는 그때 본『보슈』를 "하늘에서 내려온 동아줄 같았다"고 표현했다. "대전에는 이런 게 없었으니까요."

지방 청년에게 '해보고 싶은 것에 한번 도전해볼 기회'는 하늘에서 내려온 동아줄에 가깝다. 사회는 "취업하기 힘들어요" 이상

* https://www.facebook.com/boshu

의 지방 청년들 목소리엔 관심이 없다. 『보슈』 구성원들은 말한다. "처음엔 많은 지방 청년들도 '다른' 꿈을 꾼다. 내가 하고 싶은 게 있어서, 정말 잘해보고 싶어서 무언가를 시작하지만 그 꿈을 지속할 수 없게 되면서 지방 청년들도 하나둘 '취준생'이 되어 같은 꿈을 꾼다."

다행히 동아줄을 잡은 『보슈』 구성원들은 다시 지역 청년들에게 동아줄을 내린다. '대학생' '취업준비생' 정도로 쉽게 묶여서 지워진 대전 지역 청년들의 목소리를 섬세하게 분류해 『보슈』에서 담아내는 방법을 통해서다. 대전에 사는 성소수자 청년, 창작 예술가 청년, 인디밴드 청년, 정당 활동 청년 등의 이야기가 이제껏 『보슈』에 실렸다. 이렇게 다른 꿈을 꾸면서 살아도 괜찮다는 메시지를 또 다른 대전 청년들과 나누고 싶단다.

부산 청년 라디오 팟캐스트 〈부산의 달콤한 라디오(부달라)〉도 목마른 청년이 스스로 판 우물이다. 라디오와 부산을 동시에 좋아하는 부산 청년들이 피디, 작가, 디제이가 되어 매주 3회 팟캐스트로 정규 방송을 내보내고 있다. 부산의 대학 언론인을 만나는 '수정과 대학 언론, 한잔해요!', 부산 기반 힙합 뮤지션의 라이브와 음악 이야기를 듣는 '힙합 놀이터', 부산 지역 청년 창업가를 만나는 '스타트인: 청년창업 게시판' 등 〈부달라〉를 통해 송출되는 이야기 또한 '목마른' 부산 청년들의 분투기다.

유명인이 나오지 않아도, 화려한 방송 기술을 적용하지 않아도 〈부달라〉에는 사연과 출연 신청, 청취자 피드백이 이어진다. 한

회 다운로드 수가 1000회에 이른 적도 있다. 〈부달라〉에서 디제이로 활동하는 김서희 씨(24)는 "방송을 하면서 자기 이야기를 하고 싶은데 마땅한 통로가 없는 부산 청년들이 정말 많다는 사실을 실감했다"고 말했다. 서희 씨 스스로도 방송 미디어 쪽 진로를 꿈꿨지만 '부산에선 답이 없나' 좌절하다가, 〈부달라〉 디제이를 통해 '여기에서도 내가 하고 싶은 일을 하며 살아갈 수 있겠다' 하는 자신감을 얻었다. 통로이자 돌파구로서, 『보슈』나 〈부달라〉 같은 지역 청년 미디어가 기능하고 있다.

"혼자서는 힘들지만 함께여서 성장한다"

대구 청년 최유리 씨(31)의 20대는 성취와는 거리가 멀었다. 대학 시절은 등록금과 생활비를 벌기 위한 아르바이트로 시간을 다 보냈다. 대학을 졸업하고 100군데에 이력서를 냈지만 90곳은 서류 전형에서, 10곳은 면접에서 떨어졌다. 겨우 들어간 직장에선 주 6일, 야근, 저임금 근무를 견뎌야 했다.

'나는 정말 한심한 인간이구나'를 되뇌던 유리 씨는 한 선배의 소개로 대구 청년유니온*을 접했다. 청년유니온은 청년들의 노동권 향상을 위해 이들이 자발적으로 만든 세대별 노동조합이다.

서울뿐 아니라 광주·대전·부산·경남 등 여러 지역에 지부가 있는데 대구 청년유니온도 조합원 100여 명이 활발히 활동 중이다. 유리 씨는 그곳에서 비슷한 처지의 또래들을 만나며 처음으로 위로를 받았다. '나만 그런 건 아니구나.' 조합에 가입하고 활동에 참여해 나가면서는 점차 확신했다. '내 잘못이 아니구나.'

동료들과 함께 대구 동성로에 거리 노동상담소를 열고, 편의점 야간 아르바이트 노동자들을 찾아가 노동법을 알려주고, 대구 청년 노동자들의 노동 실태조사를 벌여 보고서를 냈다. 조그맣게 뜬 언론 기사를 보고 "이런 것도 상담해주나요?"라며 문을 두드리는 청년 노동자가 하나둘 늘어났다. 아르바이트생에게 최저임금과 주휴수당을 주지 않던 프랜차이즈 업체에게서 "앞으로는 최저임금법을 지키겠다"는 약속을 받아내며 유리 씨는 혼자서는 얻기 힘들었던 성취감을 느꼈다. "아, 이렇게 하면 변화하는구나, 사회도 들어주는구나 싶어 뿌듯했다. 개인의 성취를 경험해볼 기회가 적은 지방 청년에게 공동체 활동이 특히 소중한 것 같다."

경북 안동의 '바름협동조합'**도 공동체를 통해 자신을 성장시키고 싶은 청년들이 만든 지역 청년 단체다. '(놀이+학습+노동+주거)×협동÷지역사회=청년 자립 공동체'라는 슬로건 아래 2015년 상주·문경·안동 등 경북 북부권에 사는 청년들이 뭉쳤다. 바름협

* https://www.facebook.com/TKYouthCommunityUnion

** https://www.facebook.com/BarumCoop

동조합은 격월간으로 지역 청년 잡지 『링커』를 내고, 안동역 앞에 게스트하우스를 열며, '동네 대학' 같은 지역 청년 교육 프로그램을 꾸린다. '홍해도 청년 망해도 청년(홍청망청)' 같은 지역 청년 축제도 열었다.

"우리는 지방에 '남'지 않고 '살'고 있다"

지역 청년 공동체 활동이 마냥 재미있는 일은 아니다. 바름협동조합 조합원 임경식 씨(33)는 "지역 소도시를 벗어나려고 하거나 지금 시스템을 따라가기에만 바쁜 친구들 사이에서 연대하는 청년들을 모으기가 녹록지 않다"고 말했다. 기성세대 사이에서도 '신기하다'며 동물원 구경하듯 둘러보는 어른들은 많지만 지속적인 관심과 격려로 잘 이어지지는 않는다. "어느 소도시에서든 청년은 찬밥 신세다. 어리고 말 잘 듣는 값싼 노동력 이상으로 잘 생각해주지 않는다."

그렇기 때문에 더욱더 지역 청년 공동체가 필요하다. 바름협동조합의 경식 씨는 말했다. "혼자 지방에서 청년으로 살아가기가 너무 힘들었다. 예술과 놀이 쪽 일을 하고 싶었는데, 혼자서는 아무것도 할 수 없었지만 함께 모이니 뚝딱뚝딱 축제가 만들어졌다.

이런 활동은 결국 남을 위한 봉사가 아니라 내가 이 지역에서 잘 살아남기 위한 유일한 방법이다."

강원도 강릉의 청년 단체 '청년나루'*의 이혜림 씨(29)도 비슷한 이야기를 한다. "활동하면서 만나는 친구들은 결국 여기에 남아 있는 사람들이다. 남아 있는 우리를 위해, 우리도 즐겁게 살아야 하니까 뭐라도 벌여보자고 뜻을 모았다." 혜림 씨를 비롯한 청년나루 회원들은 독서 모임, 인문학 강좌, 토론회, 역사·문화 기행 등을 연다. 언뜻 보면 한갓진 놀이 같은 이 활동들은 실상 삶의 풍요로움을 갈구하는 지방 청년들의 몸부림이기도 하다.

지역사회 스스로가 그곳에 사는 청년들을 서울에 '못' 간 잔류자로 바라보는 시선 아래에서 지방 청년들은 청년기에 큰 상처를 입고 시작한다. '제주청년협동조합'** 강귀웅 사무국장은 "제주 지역에서 고등학교를 졸업한 뒤 서울로 가지 않은 청년들은 자존감이 낮아지는 과정 속에서 살아간다"고 말했다. 그럼에도 강 사무국장을 비롯한 제주 청년들은 제주엔 청년에게 부족한 것이 많아서 채울 것도 많다는 점을 깨달았다. 그곳에서 '제주 청년 문제 해결자'로서 자신의 역할을 정의하며 점차 자존감을 회복해갈 수 있었다. 제주 청년 아지트 '작당 연구소'를 차리고, 제주 청년의 삶을 여행해보는 청년 기행 프로그램 '리빙 트래블'을 운영하고, 영

* https://www.facebook.com/UTHNARU

** https://www.facebook.com/jejucoop

화·독서 등 청년 소모임을 꾸준히 꾸려가면서 제주청년협동조합은 제주 청년들을 '남은' 자가 아니라 '사는' 자들로 바꿔나가고 있다.

"여기에서 사는 것도 괜찮겠다는 생각이 들기 시작했어요"

광주에서 대학을 졸업한 김태진 씨(34)는 대기업에 다니다 돈 이외의 모든 것이 불만족스러워 그만두고 커피 트럭을 몰며 전국을 돌아다녔다. 그간 번 돈으로 30개국 세계 일주를 다니면서 사회의 기준을 따르지 않아도 행복하게 살 수 있다는 확신을 얻었다. 여행을 마치고 광주에 돌아오니 여전히 예전의 자신처럼 취업과 돈에 목매어 사는 후배들이 가득했다. 이 친구들을 돕고 싶어서 태진 씨는 빚을 내 조선대 후문 근처에 '동네줌인'*이라는 작은 카페를 열었다. 커피 팔아서 돈을 버는 수익 공간은 아니다. 고민이 있는 광주의 청소년·청년들이 부담 없이 와서 쉬거나 자거나 이야기를 털어놓을 수 있는 일종의 쉼터다. 영화 상영회, 독서 모임, 네트워크 파티 등 광주 지역 청년 모임의 공간으로도 활용된다.

* https://www.facebook.com/dongnezoomin

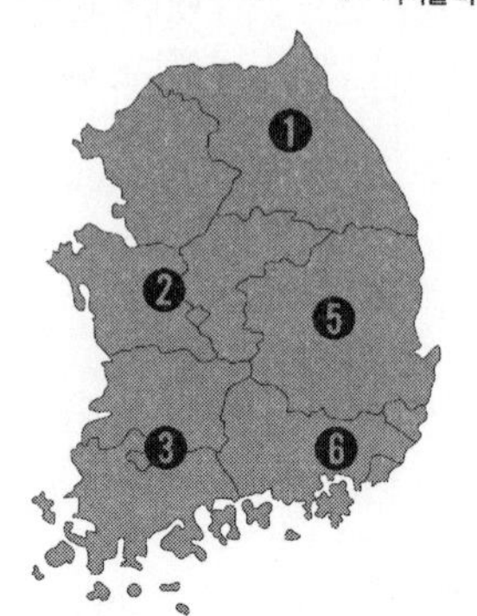

❶ 강원

청년나루 (강릉)

- 강릉 청년 역사·문화 기행·독서 모임·밥 모임 등 운영
- facebook.com/UTHNARU

청년마을 (원주)

- 원주 지역 청년 이슈 의제 발굴, 지역 문화인력 양성, 네트워크 구축
- 강원 원주시 중앙로 89 5층
- blog.naver.com/wjj2017
- 033-745-9117

❷ 대전·충청

청년고리 (대전)

- 대전 청년 보고서 발간, 대전 청년정책 배틀·청년반상회 등 청년 네트워크 행사 개최
- facebook.com/youthlink.kr
- 042-349-1020

보슈 (대전)

- 대전 지역 청년 독립잡지 발행
- facebook.com/boshu
- instagram.com/boshu.mag

❸ 광주·전라

동네줌인 (광주)

- 광주 지역 청소년·청년들의 휴식·상담·교육·세미나 공간
- 광주 동구 필문대로273번길 15
- facebook.com/dongnezoomin

청년순천네트워크

- 순천 청년 네트워크 파티, 청년 아이디어 페스티벌 등 운영
- facebook.com/청년순천네트워크-599740980181692

청년들 (전주)

- 호남권 청년 인문독서 예술캠프, 청년비자금(청년활동수당) 사업 등 운영
- facebook.com/theyoung1939

❹ 제주

제주청년협동조합

- 제주 청년 소모임, 리빙트래블, 작당 연구소 등 운영
- facebook.com/jejucoop

❺ 대구·경북

바름협동조합 (안동)

- 청년 잡지 『링커』 발간, 게스트하우스·주거공동체·동네 대학 등 운영
- facebook.com/BarumCoop

대구 청년유니온

- 대구 지역 청년 노동 상담, 노동 실태 조사, 노동 교육
- 대구시 중구 동성로2가 39-8 5층
- facebook.com/TKYouthCommunityUnion
- 053-428-5579

❻ 부산·경남

부산의 달콤한 라디오

- 부산 청년 라디오 팟캐스트
- podbbang.com/ch/10869
- facebook.com/budalra

부산청년정책네트워크

- 청년정책아카데미, 청년 공-청-회 등 운영
- facebook.com/bygovernance
- bit.ly/bygovernance

지방 청년들에게 청년 공간은 청년 활동의 인큐베이터다. 물리적인 아지트를 통해 흩어져 있던 청년 공동체가 더 큰 덩어리로 불어나기도 하고 관심 없던 청년들까지 지역 청년 활동으로 끌어모을 수 있다. 대전 지역의 청년 네트워크 '청년고리'*도 그 사례 가운데 하나다. 청년고리는 2011년 대전시 어은동에 문을 연 공유 공간 '벌집'을 통해 지역 내 크고 작은 청년 단체들이 모이면서 시작됐다. 벌집 대표이자 청년고리 대표인 이태호 씨(29)는 "그간 잠깐 모였다 사라지는 지역 청년 단체를 보며 안타까움을 많이 느꼈다. 벌집에 모인 단체들을 중심으로 '앞으로도 따로 놀지 말고 함께하자'는 공감대가 생겨 대전 지역 청년 네트워크인 청년고리로 키웠다"고 말했다. 지금은 디자인·영상·카페·서점·공방·교육·문화 기획 등을 함께하며 시너지가 큰 청년 단체들이 벌집 내외부에서 청년고리 네트워크를 구성하고 있다.

지방자치단체 같은 공공기관이 조금만 마음을 먹으면 청년들에게 이런 인큐베이팅의 기회를 쉽게 줄 수 있다. 강원도 원주시 문화의 거리에 위치한 '청년마을'**은 원주문화재단에서 지원받은 청년 플랫폼 공간이다. 지역 극단의 연극 공연, 지역 청년 기획자·예술가 집담회, 페미니즘 독서 모임, '청년창의포럼: 설래발' 등 원주시 청년들의 이런저런 '작당'들이 이곳에서 모의되고 실행

* https://www.facebook.com/youthlink.kr

** https://blog.naver.com/wjj2017

된다.

이런 경로를 통해 지역 청년 활동에 우연히 발을 들인 청년은 처음으로 '딴생각'을 품게 된다. 지역 축제 청년 기획단의 일원으로 원주 청년마을과 연을 맺은 원주 토박이 청년 노주비 씨(24)는 한창 이력서를 쓰다가 지금 취업준비를 '파업'한 상태다. "부모님은 강원 지역 공공기관 취업을 바라셨고 나는 '무조건 서울로 가서 일해야지'라고 마음먹었는데, 요즘 들어 여기에서 재미있는 활동을 스스로 만들어나가며 사는 것도 괜찮겠다는 생각이 들기 시작했다"고 말했다.

대구시 남일동의 '대구청년센터', 광주시 금남로의 '광주청년센터 the 숲' 등은 지방자치단체가 민간단체에 위탁 운영하는 청년 공간이다. 공간 대관 서비스와 함께 교육, 정책 제안, 창업 지원, 상담 프로그램 등을 청년들에게 제공하고 있다. '부산청년정책네트워크' '대구청년위원회' '순천청년정책협의체' 등 청년들이 각 지방자치단체의 청년 정책 제안·설계·실행자로 참여하는 민관 협의체도 다양하게 굴러가고 있다. 지방 청년들이 스스로 일구고 씨 뿌린 밭이 이제 물과 햇볕을 기다리고 있다.

2017년 07월

지방 청년들의 '성찰적 겸연쩍음'과 '습속'

최종렬 계명대 사회학과 교수는 논문 「'복학왕'의 사회학: 지방대생의 이야기에 대한 서사분석」에서 지방 청년을 바라보는 새로운 분석 틀을 제시했다.

서울과 미국에서 문화사회학을 공부하고 2005년 대구 계명대학교 사회학과에 부임한 최종렬 교수는 처음 학생 엠티를 따라갔다가 문화 충격을 받았다. 사회과학 세미나를 펼치고 공적 이슈를 논하는 자리까지 기대한 건 아니었다. 하지만 군복과 '깔깔이(군용 방한 내피)', 여학생을 안고 한 발로 오래 서 있기 게임, "부어라 마셔라 술이 들어간다, 쭉 쭉 쭉" 노래가 뒤섞인 대학생의 엠티 풍경에 최 교수는 적잖이 당혹했다.

10여 년간 지켜본 제자들은 성별로 일정한 패턴을 보였다. 1학년 남학생은 대개 술 마시고 당구 치고 피시방에서 시간을 '죽인다'. 어차피 곧 군대에 가기 때문이다. 제대 후 깔깔이를 입고 후배 여학생들과 어울리며 쉬운 과목을 골라 듣다 보면 어느새 4학년. 불안해진 남학생은 스펙을 쌓기 위해 휴학계를 낸다. 많은 여학생들은 신입생 때 만난 복학생 오빠와의 연애로 대학 생활을 시작한다. 연애가 끝나고 학교생활이 시시해질 3학년쯤 되면 우르르 휴학을 한다. 돌아온 제자들에게 그간 뭐했냐고 물으면 헌혈, 서빙 알바, 해외여행, 자격증 공부 등이라고 답한다. 앞으로 뭘 할 거냐는 질문에는 "잘 모르겠다"는 답이 돌아온다.

안타까웠다. 그 도돌이표를 끊어주고 싶었다. 방법을 궁리하던 중 제자의 권유로 웹툰 「복학왕」을 뒤늦게 보았다. 또 한 번 충격을 받았다. 그간 목격했던 제자들의 모습이 그대로 담겨 있었다. '이 학교만의 문제가 아니구나' 생각했다. 문화사회학의 관점으로 지방 청년을 연구하기 시작한 계기다. 2017년 2월 학술지 『한국사회학』에 발표한 논문 「'복학왕'의 사회학: 지방대생의 이야기에 대한 서사분석」이 그 연구의 결과물이다. 특정 지역, 특정 학교에 국한된 현상을 전체 지방대 학생 모두에게 적용할 때 성급한 일반화의 오류의 위험은 분명 존재한다. 그럼에도 불구하고 이 연구가 지방 청년을 바라보는 새로운 분석의 틀을 끄집어냈다는 점은 분명하다. 최 교수는 "기존의 청년 담론이 지방대 학생에게는 적용되지 않는다는 사실을 보여주고 싶었다"라고 말했다.

최 교수가 논문에서 지방 청년을 분석할 때 사용한 기존 청년 담론은 사회학자 김홍중의 '진정성 세대' '동물·속물론' '생존주의 세대', 이 세 가지 틀이다. 여기서 진정성 세대란 "내면으로부터 솟아나오는 목소리인 참된 자아와의 대화에 의거하여 삶의 중요한 결정을 내리는 태도"를 지닌 세대다. "1980년 광주항쟁 이후부터 민주화운동을 거쳐서 1997년 위기에 이르는 약 20년간 지속적인 헤게모니를 발휘"했다. 동물·속물 세대는 "신자유주의 체제 아래에서 내면성을 상실하고 타자의 잣대를 따라 살아가는" 세대다. 신자유주의 체제가 심화되자 청년 세대는 "생존을 위해 전력투구"한다. 이른바 '생존주의 세대'다. 자기계발을 기만적으로 하는 것이 아니라, 진정되게 한다는 점에서 동물·속물과 다르다. 생존주의 세대의 마음은 성공이냐 실패냐가 아니라, 생존이냐 낙오냐다.

착하고 관계 중심적인 지방대 학생들

그럼 2018년 대한민국의 지방대 학생은? 진정성 세대는 아니다. 동물·속물론으로 바라보기에는 최 교수 눈에 이들은 너무도 '착하다'. 가족과 친구에게 충실하고 매우 관계 중심적이다. 그렇다면 낙오되지 않으려고 애쓰는 생존주의자인가? 최 교수는 이런 의문의 답을 찾기 위해 지방대 학생 6명을 만나 질문을 던졌다. "좋은 삶이란 무엇인가?" "좋은 삶을 추구하는 방식은 무엇인가?"

"좋은 삶을 추구하기 위해 무엇을 어떻게 행하고 있는가?"

좋은 삶과 그것을 위한 방법을 묻는 질문에 지방대 학생들은 모두 '가치의 언어'가 아닌 '선호의 언어'와 '가족의 언어'로 답했다. "제 꿈은 그냥 평범한 직장 다니면서 예쁜 아내 얻고 아들딸 예쁘게 크는 걸 보면서 오래 사는 것입니다."(남학생 1) "돈이 어느 정도는 있고 재산을 유지하고…."(남학생 2) "저녁이 있는 삶, 가족과 친구와 함께 놀 수 있는 삶이요."(여학생 2)

경제적 여유와 행복한 가정을 '선호'하는 이들은 일정 수준 이상의 성공을 위해 독하게 자기계발에 나서지 않는다. 연구 대상자 6명 중 대다수가 행복한 삶을 위해 '공무원 같은 것'을 하면 좋을 것 같다고 말하지만 막상 경쟁에 뛰어들지는 않는다. "제가 학교 수업도 잘 못 따라가는데… 다른 사람들 다 해도 많이 안 되는데… 공부 싫어하는 내가 할 일이 아니라는 생각을…."(남학생 2) "준비하는 과정이… 경쟁이 심하잖아요. 제가 할 자신이 없는 것 같아요. 영어도 해야 되고 역사도 해야 되고 그럴 자신이 없는 것 같아요."(여학생 1) 이 같은 '송충이는 솔잎을 먹어야' 하는 식의 결론은 "괜히 혼자 중뿔나게 굴지 마라"는 가족 혹은 유사 가족(학교 동기, 선후배)의 조언으로 말미암은 것이기도 하다.

최 교수는 현재 청년들을 신자유주의적 주체만으로 설명할 수 없다는 결론을 내린다. 그는 논문에서 말한다. "생존주의자에게 생존은 '경쟁에서 낙오되지 말자'는 것인 데 비해, 지방대 학생에게 생존은 '가족 안에 머물자'다. 생존주의자는 낙오되지 않기 위해 전력을 다해야 하지만, 지방대 학생에게 생존은 오히려 경쟁에 뛰어들지 않고 지금처럼 가족 안에 살면 되는 것이다."

이런 결론과 더불어 최 교수는 연구를 진행하며 지방대 학생에게서 두 가지 모습을 더 발견하고 거기에 이름을 붙였다. 이들은 도전해도 안 될 것 같다며 포기하지만 그런 자기 자신이 겸연쩍기는 하다. 이른바 '성찰적 겸연쩍음'이다. 또 그가 보기에 지방대 학생은 "앎에 대한 의지가 아니라 알지 않으려는 의지, 자기계발 의지가 아니라 자기보존 의지"가 강하다.

'성찰적 겸연쩍음'에 대해 최 교수는 이렇게 설명한다. "지방대 학생은 공부를 통해 인정받아본 경험이 거의 없다. 특히 지방대에 들어왔다는 사실이 이들을 위축시킨다. 그렇다고 공부를 열심히 하지 않은 것은 아니다. 해도 되지 않은 쓰라린 경험을 모두 가지고 있다. 그러다 보니 권리 인정 형식을 통해 자기 존중의 길로 나아가려 하지 않는다. 해도 안 되는 걸 시도하는 것은 오히려 주변 사람들을 희망 고문하는 뻔뻔한 일이다. 다시 말해 진정성이 없고 위선된 것이다. 그렇지만 시도조차 하지 않는 자신이 겸연쩍기는 하다."

대신 지방대 학생들은 수업에 삼선 슬리퍼를 신고 오거나 엠티 때 깔깔이를 걸치는 식으로 '상황을 느슨하게 만들기' 전략을 택한다. 이른바 '습속'이다. 최 교수 말에 따르면 그런 습속은 "상황이 마음에 들지는 않지만 상황 자체를 깰 수는 없을 때 선택할 수 있는 가장 좋은 저항책"이다. "무엇에도 몰두하지 않고 느슨하게 유지하니 목표치도 적당하게 세우고, 성취도 적당하게 하고, 실패해도 타격을 안 받는다."

연구 대상자들은 아직 본격 취업전선에 뛰어들기 전의 대학 3~4학년생들이다. 조만간 '성찰적 겸연쩍음'과 '습속'을 버리고 이들도 곧 생존경쟁 속으로 뛰어들 수밖에 없지 않을까? 연구 대상자들의 에필로그가 궁금하다는 질문에 최 교수는 답했다. "서울로 일자리를 찾아 떠난 청년과 지방에 남은 청년이 극명하게 갈린다. 서울로 가면 엄청난 경쟁 세계에서 생존주의 청년이 된다. 정말 열심히 일하는데도 이직이 매우 잦다. 지방에 남은 청년들은 졸업 후 몇 년 지나 연락해보면 신기하게도 그럭저럭 다 결혼도 하고 애도 키우고, 저 월급으로 가능할까 싶은데 잘들 살고 있다. 그런 선배들의 모습이 보이니 후배들도 굳이 자신을 경쟁으로 내몰지 않는다."

그들이 갇힌 세계를 깨고 나오려면?

아등바등하지 않아도 청년들이 지방에서 그럭저럭 살아갈 수 있다는 건 분명 기존 생존주의 청년 담론으로 설명할 수 없는 현상이다. 그런데 여기서 의문이 발생한다. 경쟁하지 않고 살 수 있는 세상이 있다면 거기에 무슨 문제가 있는가? 최 교수는 단호하게 '문제 있다'고 말한다. "자아는 누구와 대화하느냐에 따라 만들어진다. 대부분의 지방 청년은 대화하는 사람이 가족 아니면 유사가족이다. 젊을 때는 괜찮은데 30대, 40대 점점 나이 들수록 그 세계 안에서만 자기를 바라보게 된다. 그러면 밖에서 그런다. '저 지역은 왜 저 모양일까.' '어휴, 아직도 저렇게 생각하고 있네.' 지금 당장 행복할 수는 있지만 그 이유는 만나는 타자가 너무 한정되어 있기 때문이다. 지방 청년들이 앞으로 계속 자기 세계에 갇혀 새로운 타자를 못 만나고 자기 자신을 대상화할 수 있는 능력이 상실될까 봐 안타깝다."

지방 청년이 갇힌 세계를 깨고 나오려면 어떻게 해야 할까? 최 교수는 다른 집단에 들어가 새로운 타자들과 상호작용하는 체험을 넓혀야 한다고 말한다. "주어진 세계가 전부가 아니라는 걸 체험할 수 있는 공간이 많아야 한다. 다르게 사유하고 다른 가능성을 엿볼 수 있도록 지역사회와 대학도 적극 도와야 한다. 좁은 가족적 연결망을 넘어 나 자신을 다양한 타자의 눈으로 대상화해 보는 초월적 체험장을 마련해줘야 지방 청년도 다른 세계를 꿈꿀 수 있다."

2017년 07월

지방대생의
'문제적 삶'을 말하다

"지금까지 지방대생은 한국 사회에서 자신의 삶에 대해 이야기할 수 있는 기회가 없었다. 우선 들어주는 사람이 없었기 때문이다. 그런 점에서 지방대생은 소수자다." 지방대생의 삶을 연구한 『복학왕의 사회학』(오월의봄 펴냄, 2018)에서 최종렬 계명대 교수는 지방대생을 소수자로 규정한다. 하지만 비판의 칼끝은 '들어주지 않는' 사회만을 향하지 않는다. 알지 않으려는 의지, 성찰적 겸연쩍음, 적당주의 집단 습속, 가부장적 가족주의, 확장성 없는 사회자본과 상징권력 없는 문화자본 등 지방대생을 둘러싼 답답하고 무기력한 공기에 짓눌리면서도 스스로 그 문화를 옹호하고 전승해나가는 지방대생도 비판의 대상이다.

"상처 좀 받으라고 썼다"는 이 책에 대한 평가는 엇갈린다. 어떤 독자는 "지방대 졸업생으로서 읽으면 읽을수록 공감되었다"고 했고, 어느 고등학생은 "솔직히 '지방대에 가면 안 되겠구나' 생각부터 든다"고 말했다. "저자 자신은 교수라는 안전한 지위에서 한 발짝도 벗어나지 않으면서 지방대생들한테 왜 너희는 서울 애들과 달리 꿈도 없고 경쟁도 안 하고 패배주의에만 젖어 있냐며 꼰대질하는 내용"이라고 혹평하는 독자도 있다.

책 내용에 대한 동의 여부는 사람마다 갈리지만, 이것만은 분명하다. 『복학왕의 사회학』은 정부나 미디어에 의해 일종의 사회적 배려 대상자로 동정받거나 온라인 커뮤니티 등지에서 '루저'의 상징으로 조롱받기만 하던 지방대생의 목소리를 본격적으로 공론의 장으로 내보낸 최초의 시도다. 지방대 재학생 6명을 대상으로 한 기존의 연구에 지방대 졸업생 17명, 지방대생 부모 6명의 이야기를 더했다. 졸업생의 경우 졸업 후 지역에 남은 사람, 서울로 간 사람, 서울로 갔다가 되돌아온 사람들을 나누어 살폈다.

『복학왕의 사회학』은 대구·경북 지방대생들의 이야기다. 연구 가설을 설정하고 이를 검증하는 '경험적 일반화' 방식이 아닌 지방에 대한 일종의 '분석적 예시'를 추구하는 연구라고 저자는 밝혔다. 하지만 "누구라도 이를 준거로 하여 자신이 살아가는 지역의 삶을 이해·해석·분석·설명할 수 있다"는 설명처럼, 이 텍스트는 전국 어느 지역 청년이라도 지금 현재 그곳에서의 삶을 고민하는 하나의 틀로 사용할 수 있다. 대구·부산·원주·전주에 살거나 살았던 청년 네 명과 최 교수가 한자리에 모여 지방대와 지방 청년에 대해 이야기를 나누었다. 극복해야 하지만 결국은 도착지로 설정할 수밖에 없는 '문제적 장소' 서울역에서 시작된 이들의 대화는 해질

녘부터 밤늦게까지 이어졌다. 청년 문제와 지방 문제, 그리고 그 둘이 합쳐져 만들어진 지방 청년과 지방대생 문제는 뒤집어 말하면 그것을 낳은 서울과 기성세대의 문제이기도 했다.

대구 출신 청년 김태우 서울에 직장을 잡은 뒤 가장 좋았던 점 중 하나가 주말마다 가까운 미술관에 갈 수 있다는 점이다. 대구에서는 큰마음을 먹어야 미술관에 갈 수 있다. 주변에 별로 없기 때문이다. 하지만 서울에는 조금만 가도 미술관이 넘친다.

전주 청년 권화담 얼마 전『절망의 인문학』이라는 책을 읽었는데 이런 말이 나오더라. 서울과 지방은 중심과 주변이 아니라 하늘과 땅이라고. 동감했다. 경기도에 사는 친구들조차 대단하지 않더라도 문화생활을 하고 새로운 활동을 하려면 서울로 가야 하고 왔다 갔다 대중교통도 불편하다고 한다. 당장 오늘도 전주에서 여기 올 때 KTX 탈까 무궁화호 탈까 고민했다. 그렇게 교통비를 들이면서 서울에 와서 활동을 하고 다양한 사람들을 만나고 나서 다시 전주로 내려가는 버스나 기차를 타고 가면서 늘 생각했다. '전주 정말 별로다. 전주 왜 이러지? 재밌는 사람들은 왜 전주에 없지? 난 왜 만날 왔다 갔다 해야 해?' 비참하기도 하고 서운하기도 하고.

지방대 교수 최종렬 지방대생과 그 가족이 공무원에 부여하는 의미를 살펴봐야 한다. 지방에서 공무원이 되면 독립하고 결혼해서 가족을 꾸려서 살 수 있다. 지방대생 입장에서 대기업은 서류에서 다 떨어지지, 그나마 제일 공정한 시험이 공무원 시험이다. 사실 5지선다형의 공무원 시험은 입시 경쟁에서 낙오된 지방대생들이 잘하는 종류의 경쟁이 아니다. 그래서 9급을 친다. 만약 10급, 11급 시험이 있으면 거기로 갈 거다. 서울에서 제약회사를 다니며 을로 살다가 작심하고 공부해서 경찰 공무원이 된 사례를 보라. 모든 문제가 다 풀렸다. 결혼하고 집 사고 부동산 투자하고…. 을이었는데 갑이 된 거다. 지역에서 유일하게 가족의 행복이라는 가치를 가능하게 하는 수단이 공무원이다. 그래서 모두가 바라지만 막상 붙는 사람은 한정돼 있다.

김태우 다들 공무원이 무조건 인생의 성공을 뜻하지 않는다는 건 알고 있다. 그런데 우리는 단 한 번도 인생의 목표를 고민해 볼 기회가 없었지 않나, 교육 자체가. 무조건 통과, 일등에만 접근했지 진짜 내 꿈에 대해서 생각한 적이 없다 보니까…. 지방대생에게 공무원 시험 준비는 일종의 도피 같기도 하다.

부산 청년 엄창환 공무원 시험 준비가 도피처가 될 수 있나? 노량진만 봐도 치열한 현장이다. 올해 9급 공무원 4953명을 뽑는데 20만2978명이 지원했다. 이 경쟁률을 공시족은 알고서 시험장에 간다. 나는 이게 실패를 용납하지 않거나 계층 사다리가 작동하지 않는 상황에서 오히려 완벽한 성공을 위해 '몰빵'해서 경쟁하는 걸로 보인다. 기업의 불공정한 채용구조와 불합리한 노동환경을 더 이상 버티지 못하겠다거나 혹은 그렇게 살지 않겠다거나.

원주 청년 노주비 창업혁신센터 같은 데 통해서 창업하는 청년들 보면 처음에 너무 신기했다. 어떤 지역의 특성을 살린 디자인으로 의류를 만든다든가 이런 다양한 아이디어를 보고 '우와, 어떻게 이런 생각을 하지' 그랬는데 알고 보니까 그 부모가 그 지역에 큰 의류 매장을 갖고 있는 거다. 누군가는 사무실에서 어떤 사업을 하는데 알고 보면 그 건물이 다 친척이나 부모님 건물이다. 아, 부모님의 경제적 기반이 있어야만 지역을 삶의 터전으로 삼고 도전할 수 있구나 깨달았다. 이런 자원을 가지지 못한 지역 청년들은 다른 건 생각 못 하고 공부만 해왔기 때문에 성공을 위한 수단으로도 공부해서 붙는 공무원밖에 생각 못 하는 거다.

노주비 저도 제가 가고 싶은 대학·학과에 합격했는데 부모님이 집에서 너무 멀다고, 집 근처 있는 데 가라고 반대했다. 내가 무슨 미국 가는 것도 아니고 하루 안에 왕복이 가능한데 왜 못 가게 하냐고 싸우다가 경제적 능력이 없으니 부모님에게 졌다.

권화담 지방에 사는 여자들이 겪는 아주 흔한 이야기다. 지방에서 여학생이 휴학한다 하면 집에서 '미친 X' 소리 듣는다. 빨리 취업해서 빨리 돈 벌다가 빨리 결혼하고 빨리 애 낳아야 하는데 왜 휴학을 하냐고. 남학생들은 휴학한다고 하면 바로 할 수 있다. 전주에 있는 대학교에도 더 작은 소도시에서 올라온 친구들이 많은데 남학생들은 전주에서 쉽게 자취하고 그러는데 여학생들은 항상 한두 시간 걸려서 집에서 통학한다. 오빠나 남동생이 서울에 가야 하니까 누나나 여동생인 네가 생각 다시 해주는 게 어떻겠냐? 이렇게 얘기하는 경우도 많고.

최종렬 지방 청년에게 부모님이 계신 집은 (아직 가부장의 부당한 권위가 작동하는) 문제적인 집이지만 이게 어떤 면에서는 지역에서의 삶을 가능하게 한다. 서울에서 아등바등 살 필요 뭐 있냐는 부모님 말씀도 일리가 있다. 여기 있으면 결혼하고 애 낳고 잘 살았을 텐데 왜 독립한답시고 밖에 나가서 고생하냐는 거다. 아직 일정 정도 부모의 지원이 제공되는 상황이기 때문에 가능하다. 그런데 이게 온전한 해결책이 아니라 일시적인 미봉책이다. 부모가 앓아누우면, 혹은 부동산 자산이 증발하기 시작하면 부모들이 자기 봉양하기도 힘들어지는데 청년들까지 뒷바라지하기 쉽지 않다. 그래서 문제적이라는 거다. 청년들이 빨리 가족 밖으로 나가게 해야 한다. 그러려면 국가가 공적인 책임을 해야 하고 청년 주거 독립을 위한 제반 조건을 만들어줘야 한다.

노주비 지방의 강고한 가족주의를 말씀하시는데, 주변을 보면 그래도 조금씩 변화하고 있는 것 같다. 지방에도 비혼이라든가, 가정을 꾸리더라도 아이를 낳지 않고 사는 삶을 선택하는 청년들이 많아지고 있다. 서울에선 이미 진행 중이고 지방도 점차 가부장적 핵가족의 해체가 일어나고 있다는 생각이 든다. 『복학왕의 사회학』의 배경인 대구·경북 지역에서는 기존의 가족주의가 더 이상 불가능함에도 불구하고 그걸 유지하려고 하면서 누가 희생을 하고 고통받는지가 잘 드러나는 것 같다.

최종렬 지방정부가 앞으로 계속 돈을 쓸 거다. 지방이 소멸되고 청년들이 빠져나가니까. 하지만 그걸로는 안 된다. 청년 스스로의 문화적 역량이 필요하다. 말할 수 있는 능력. 이제까지는 경제적 언어, 가족주의 언어, 심리적인 언어로만 한정돼 있었다. 성공해야지, 아프지 말자, 우리 가족 행복하자, '아프니까 청춘이다' 등등…. 여기에서 벗어나 가치론적 질문을 통해 자기 삶을 스스로 말할 수 있어야 한다. 좋은 삶, 좋은 사회가 무엇이냐고 끊임없이 질문을 던져야 한다. 그리고 정부와 지역사회, 대학이 그것을 위한 공적 지원을 해줘야 한다.

노주비 청년이 지역을 떠난다고 생각하면 일자리 때문일 거라고 생각하는데, 설문 결과를 보면 꼭 그런 것도 아니다. 강원도 지역 20~30대 비혼 남녀에게 왜 지역을 떠나고 싶은지 물어봤더니 첫 번째가 '문화 및 서비스 여가생활이 부족해서'였고 일자리는 두 번째였다. 여성은 특이하게 '지역이 익명성이 보장되지 않아서'라는 답변 비율이 높았다. 부당함을 겪어도 말하기가 쉽지 않은 환경인 것이다. 대학 졸업 후 공기업이나 대기업에 취직하라는 부모님 권유를 뿌리치고 원주 지역에서 문화기획 일을 하고 있다. 기존의 가족 개념에서 벗어나서 지역사회가 새로운 공동체를 형성해 소모임, 축제 등을 만들도록 돕고 있다. 작년에는 세대 문화 교류 사업으로 청년과 중년이 만나는 '딴짓하는 중년'이라는 프로그램도 진행했는데 반응이 좋았다. 지역이 살아가기 위해서는 이런 식의 세대 연대도 많이 이루어져야 할 것 같다.

권화담 꼭 서울이 아니더라도 지방 청년들이 한 지역에 머무르지 말고 많은 곳을 좀 다니는 분위기가 조성되었으면 한다. 확실히 한 지방에만 있으면 비슷한 것만 보고 자란다. 비슷한 상황, 비슷한 사람들, 비슷한 생각들…. 지방이란 것도 범위가 넓지 않냐. 광역시가 있고 소도시가 있고 시골도 있고. 이런 지역들 사이 교류가 많이 있어야 한다. 지금 모든 지방들이 서울을 떠받치고 있는 형국인데, 그 다리들끼리 통하고 교류할 수 있으면 좋겠다.

엄창환 서울로 가면 성공한다는 신화 같은 것, 이젠 통용되지 않는다. 청년뿐 아니라 모든 세대가 어렴풋이 알고 있지 않나. 많은 지방 청년들이 이제 '나고 자란 데서 살고 싶다'고 말한다. 익숙하고 편안한 데서 살 수 있으면 거기 살고 싶다는 마음은 당연하다. 기존에는 서울 중심 사고에서 벗어나지 못해 지방을 한 덩어리로 묶어서 모든 것을 진단하다 보니 지역 청년의 문제가 잘 해결이 안 됐던 것 같다. 서울과 지방의 이분법에서 벗어나 지방 가운데에서도 광역 단위, 더 들어가 기초 지방자치단체 단위로 각자의 현실을 진단하고 대안을 찾아야 한다.

2018년 8월

지방 청년들의 말말말

“문화생활을 하고 싶어도 시설이나 기관이 없다. 따로 배우고 싶은 것이 있으면 다른 지역으로 가야 한다. 지방도 수도권처럼 문화나 교육의 기회가 열려 있었으면 좋겠다.”

— 경남 김해시 청년

“사진집이나 관련 상품을 만들어도 결국 팔리는 건 서울이라, 할 수 없이 서울로 판매처를 잡고 행사에 참여한다. 결국 지방에선 독특한 상품을 접하기 어려워진다. 악순환의 시작이다.”

— 전북 전주시 30세 프리랜서 사진가

“지방으로 갈수록 경험의 폭이 좁아 일반기업으로 취직하는 것 외에 다른 길을 모색하려는 경향이 약해진다. 성장기나 진로탐색의 기간 동안 문화, 시민사회운동, 정치 등 다양한 길을 생각해

볼 기회가 주어지지 않는 것이 지방의 현실이다."

— 경남 창원시 청년

"지방은 모두 중소기업이다. 임금도, 노동환경도. 이 지역 서비스업 소규모 사업체의 상당수가 최저임금을 지키지 않는다. 감내한다. '나는 이곳에 사는 청년이니까'라는 포기의 감정들."

— 전북 전주시 26세 대학생

"주변의 많은 또래들이 대부분 부모와 함께 거주하고 있다. 이들은 타지역으로 떠나고 싶다는 열망을 비교적 적게 느낀다. 부모님과 함께 거주하면서 주거비와 식비를 아낄 수 있고, 지방의 임금 수준이 열악한 편이더라도 주거비 식비의 절약으로 인해 낮은 임금에도 불만을 다소 적게 가지는 것 같다."

— 경남 창원시 청년

"눈이 높은 것은 아니다. 내가 태어나고 학교 다닌 지역에서 일하면서 살고 싶은데, 일자리도 없고 급여도 적고 근무환경도 좋지 않은 이곳에서 계속 살아도 괜찮은 건가 불안감이 든다."

— 전북 전주시 31세 회사원

"실제로 제일 친한 친구는 서울권 대학에서 장학금까지 받아서 등록금을 내지 않아도 되는데, 여자애 혼자 서울에 보낼 수 없다며, 여자애가 무슨 서울까지, 하는 이유들로 서울권 대학을 포기하고 지방에 있는 학교를 입학했다."

— 대구시 청년

"직장 내에서 '주방 일=여자의 일'이 되어 있고 컵 씻기, 청소 등은 여성이 하는 걸 당연히 여긴다. 대안 공동체라고 하는 곳에서도 남자는 손 까딱 안 하고 여성이 화장실, 샤워실 청소까지 다 하는 걸 봤다. 심각하다."

— 전북 완주군 23세 청년

"지방 여성은 부모의 의한 제약을 굉장히 많이 받는다. 결혼 혹은 공무원이 지방 부모들의 기대의 끝 같기도 하다."

— 전북 전주시 26세 대학생

"집과 땅을 가진 사람들이 그 공간을 잘 쓰지도 않으면서 잘 써보려는 청년들이 있으면 수익을 기대한다. 개발 기대로 잘 팔지도 않는다. 도시에서 시골로 왔는데 시골이 더 저렴하긴 하지만 지주들이 착취하는 구조는 똑같고 문화적인 억압은 더 심하다."

— 경남 남해군 청년

"서로에게 기대치를 낮추면서도 그 기대치 안에서 기대치를 높인다. 서울에는 못 가고 못 보내주지만 '대구에서는 1등을 해야

지, 대구에서는 이 정도 해줘야지' 한다."

— 대구시 청년

"제주 말로 '빼라지다'(유별나다)는 말이 있다. 좁은 공동체와 실명 사회에 기반하고 있기에, 튀는 행동이나 새로운 시도 자체가 지지받지 못하는 분위기가 있다."

— 제주시 25세 대학생

"대체로 많은 학생들이 비슷한 사회경제적 수준의 인간관계 커뮤니티를 형성하며, 무난한 삶을 당연한 것으로 여기곤 한다. 삶의 다른 길을 찾아 자퇴한다거나, 외국을 떠돈다거나 하는 다소 특별한 길을 걷는 경우는 아주 간혹 있는 유별난 경우로 여겨질 뿐이었다."

— 경남 창원시 청년

"서울의 가족주의가 더 약하다고 보지 않는다. 서울의 사교육 과열이며 조기유학이며 이런 것들 전부 '내 자식주의' 때문인데 이건 가족주의가 아니고 뭔가. 왜 지방의 가족주의만 특별히 문제인지 이해가 안 된다."

— 경남 진주시 27세 대학생

"서울과 지방을 구분 짓고 정부의 정책으로 청년층을 유입시키는 의도는 매우 기분 나쁘다. 진정 청년들이 겪는 문제를 해결하고 싶다면, 어디를 가고 어떤 일을 하더라고 생계에 위험이 오지 않게 사회안전망을 만들고 은둔형 외톨이가 되어가는 청년들을 집 밖으로 불러낼 청년 활동가를 지원해야 한다."

— **경북 안동시 35세 디자이너**

"모든 사회적 문제란 당사자가 직접 나서지 않고서는 바꿀 수 없다. 누가 해결하려고 하지도 않을 거고, 기대할 수도, 그럴 필요도 없다. 감당할 수 있는 청년들이 나서야 하는데 참 어렵다. 그래도 나아갈 거다."

— **경남 창원시 29세 정당인**

2018년 08월

청년수당이라는 대안

우리 사회에 청춘을 위로하는 문화는 이미 퍼질 대로 퍼졌다. 이제 박카스 광고에 중년의 찌든 회사원 대신 20대 청년이 나와도 어색하지 않다. 서점가에는 '노오력'을 채찍질하는 자기계발서 대신 '그대로의 너를 인정하고 격려해주는' 청춘 위로서가 깔려 있다. 선거철 홍대 인근 등에서 열리는 프리허그 행사처럼, 우리 사회는 이제 젊은 청년들을 충분히 안아주고 다독여준다. 그런데, 그래서 청년들은 위로받았을까?

립서비스만 넘쳐나는 이 위로의 '풍요 속 빈곤'에서 청년들은 배를 곯고 있었다. 돈 없고 시간 없고 배고프고 몸 아픈 청년에게 미디어와 기성세대는 억지로 불끈 주먹을 쥐게 하고 '파이팅' 격려를 보내는 형국이었다. "네, 괜찮아요"라는 대답을 듣고 싶어 "괜찮아?"를 묻는 사람들처럼.

이들이 진짜 괜찮아지려면 밥이, 시간이, 돈이 필요하다. 모두가 알고 있지만 모두가 외면하는 사실이다. 노인, 장애인, 아동, 저소득층도 어려운데 청년까지? 공무원도 정치인도 일반 국민도 공감대를 형성하기 힘든 주장이다. 그래서 지금껏 나오는 정부와 지자체의 청년 복지 정책은 대부분 '취업 지원'에 한정돼 있었다. 배고픈 청년에게 물고기를 잡을 수 있는 방법을 알려주기. 거기까지가 우리 사회가 용인해온 최대한의 청년 복지 정책이었다.

그 한계를 처음 뚫는 시도가 서울시 등 일부 지자체에서 도입한 청년 현금지원 정책이다. 청년들에게 큰 대가를 바라지 않고 돈을 주는 것. 취업만이 아닌 삶 자체를 지원함으로써 미래의 길을 열어주는 방법. 이른바 '청년수당'이 처음 시행되었을 때 많은 사람들이 우려를 표했다. 나 역시 궁금했다. 효과가 있을까? 도덕적 해이는 없을까? 청년들은 정말 위로를 받을까? 그 궁금증으로 서울시 청년수당, 성남시 청년배당 등 새로운 실험들을 들여다보았다.

덧붙이자면 청년수당, 청년배당과 같은 현금지원 정책이 청년 문제를 푸는 만능키는 아니라고 생각한다. 지원 대상, 방법 등 구체적인 내용에서 미진한 점도 분명 있다. 청년수당은 청년 문제 해결의 충족조건은 아니다. 다만 그 정책의 취지는 분명 청년 문제를 푸는 필요조건이 될 수 있다.

청년수당 받으면 밥 먹을 수 있다

2016년 8월 서울시는 미취업 청년 2831명에게 청년활동지원금(청년수당) 50만 원을 지급했다. 최대 6개월간 지급되기로 했던 청년수당은 첫 달을 끝으로 더 이상 입금되지 못했다. 정부가 막았기 때문이다. 보건복지부는 청년수당 지급 당일 서울시에 시정명령 조치를, 그다음 날엔 직권취소 처분을 내렸다. 이에 서울시는 소송을 제기해 현재 대법원 판결을 기다리고 있다.

청년수당 전면 시행이 막힌 상태에서 서울시 청년활동지원센터는 청년 20명에게 3개월간 50만 원씩 지원금을 주며 관찰하는 「청년활동지원사업 효과성 검증을 위한 패널 연구」를 진행했다. 청년수당 사업 참여자 패널 집단 심층 인터뷰를 통해 사업의 효과성을 검증했다.

심층 인터뷰에서 나타난 핵심 키워드를 살펴보면 청년수당은 아르바이트 등으로 빼앗긴 '취업' '준비' '시간'을 확보하는 데 '도움'

이 되었다. 그리고 여기에서 두드러지는 또 하나의 키워드가 바로 '식비'다. 연구 용역을 수행한 아르스프락시아 김학준 팀장은 "취업과 청년수당에 관한 참여자들의 대화 속에서 식비가 예상보다 큰 비중을 차지하고 있었다"고 말했다.

식비는 여러 지출 목록 가운데 하나가 아니다. 일단 식비는 청년들에게 가장 귀중한 자원인 '시간'과 밀접한 연관이 있다. "제가 주로 먹는 게 삼겹살김치볶음밥인데요. 그게 가격 대비 포만감이 장난 아니거든요. (청년수당을 받으면서) 거기에 500원짜리 소시지 토핑을 얹으면 더 포만감이 좋거든요. 그래서 그 한 끼로 두 끼를 버틸 수 있고. 그렇게 먹으면서 시간도 절약됐던 것 같아요." (공무원 시험 준비생)

편의점 음식에서 일반 식당의 멀쩡한 밥, 봉구스밥버거에서 뼈해장국, 가격으로 치면 한 끼 1000원에서 2000원의 차이가 청년들의 '삶의 질' 차이를 만든다. "전 애초에 원래 밥을 먹을 때 한 달 그러니까 월말이 얼마 안 남으면 어느 정도 계산해서 먹는데, 그게 없어진 것 같아요. 예전에는 열흘 남으면 '오늘은 삼각김밥이나 도시락만 먹어야겠다' 그랬는데 (청년수당을 받고 나서) 그래도 편의점 음식 외에 일반 식당에서라도 먹을 수 있게 됐어요." (취업 준비생)

"평소에 봉구스밥버거에서 전주비빔밥을 먹거나 버거킹에서 이벤트할 때 3500원으로 햄버거를 사 먹고 그랬는데, (청년수당을 받는) 지금은 그래도 6000~7000원 하는 뼈해장국 한 번 더 먹게 됐어요. 그러니까 예전에는 '당연히 봉구스밥버거지' 했던 게 지금은 '그래도 빼해장국, 오늘은' 이렇게. 그런 부분에서 삶의 질이 최저 수용선에서 평균선으로 올라온 것 같아요. 제일 먹고 싶은 건 아니더라도 이 정도는 먹으면 좋겠다 하는 것들을 먹을 수 있는 정도." (취업준비생)

또한 식비는 '관계'와 '심리'에 영향을 미치는 비용이다. "제가 청년수당 연구 패널을 하지 않았더라면 가족끼리 하는 외식이나 그런 것을 전혀 안 했을 거예요. 그런데 이번에 동생 생일이랑 어머니 생일이 각각 있었는데 그때 외식을 두 번 정도 하면서 가족관계에 도움이 됐죠." (공무원 시험 준비생) 그는 또 말했다. "원래 집에서 고기를 먹기가 굉장히 힘들었는데, 소고기는 못 먹을지언정 돼지고기나 닭고기를 주말에 먹을 수 있게 됐고, 라면도 만날 제일 싼 것만 먹다가 좀 비싼 종류도 가끔씩 먹을 수 있게 됐고…. 먹는 문제가 아주 조금이라도 해결되니까 사람의 마음이 변하는 것 같아요. 뭔가 삭막한 게 약간 줄어든다고 할까?"

「청년수당 패널 연구 보고서」는 청년수당의 '재도전의 경제적·심리적 기반을 마련해주는 임파워먼트 효과'를 확인했다고 밝혔다. 그 임파워먼트 효과의 중심에 바로 '밥'이 있었다.

2017년 03월

"라면에 달걀을 넣을 수 있게 됐다"

갈등과 논란 속에 출발한 청년수당에 대한 공감대가 여러 지자체로 확산되고 있다. 모양새는 조금씩 다르지만 식비·교통비 등 '간접' 지출에도 사용처를 열어뒀다.

25~29세 청년에게 취업준비 때 무엇이 제일 힘든지 물었다. "아르바이트와 병행하려니 시간적 여유가 없어요."(37.6퍼센트) "경력을 쌓기 어려워요."(38.2퍼센트) 하지만 가장 많은 청년들이 이렇게 답했다. "돈이 부족해요."(41.5퍼센트)*

대한민국 청년들은 악순환에 빠져 있다. 금수저 출신이 아니라면 걸려들 수밖에 없는 악순환, 바로 '돈이 없어서 돈을 못 버는' 현상이다. 2016년 7월 기본소득청'소'년네트워크가 돌린 설문조사 용지에 경기도 성남시에 사는 한 24세 청년은 '청년으로서 생활하

* 서울연구원, 「청년활동실태 및 정책수요 조사」, 2015. 12.

기에 가장 어려운 점'에 대해 이렇게 적었다. "'돈이 없어서 취업을 하려 함' → '취업하는 데 어느 정도 스펙이 필요' → '스펙을 위해 공부를 해야 함' → '공부할 돈이 없음' → '돈을 마련하기 위해 아르바이트를 함' → '돈은 버는 데 공부할 시간을 빼앗김' → '공부를 못 해서 취업 실패' 배우고 싶어도 돈 걱정부터 해야 하는 게 너무 슬퍼요."

이에 대한 응답이 청년 현금지원 정책(청년수당)이다. 2016년부터 서울시와 성남시 등에서 도입한 청년수당 정책이 대표적이다. 이제껏 나라가 예산을 들여 청년을 돕는 방식은 주로 일자리를 알선하거나 취업 훈련 기회를 제공하는 식의 '간접' 지원 방식이었다. 박근혜정부가 도입한 청년취업성공패키지 사업이 대표적이다. '청년들의 의욕과 능력을 증진시켜' 취업을 시키고 그에 성공한 청년에게 취업성공수당을 지급하는 방식이다. 한 해 예산이 3000억 원에 이른다. 돈은 돈대로 들고 청년들의 취업과 삶의 질 개선에 별다른 효과를 내지 못했다는 평가가 나오자 다른 길을 찾자는 목소리에 힘이 실렸다. 청년들의 손에 '직접' 돈을 쥐여주는 방법이다.

청년수당 도입을 두고 이견도 만만치 않았다. '포퓰리즘이다' '놀고먹는 이들에게 돈을 주겠다는 것이냐' '젊은 시절부터 복지병에 걸려 나라를 망칠 것이다' 등등. 청년 지원 확대라는 큰 틀에는 공감하지만 '물고기를 주기보다 물고기 잡는 법을 알려주는 게 낫다'며 현금지원 방식에 우려를 나타내는 사람도 많았다. 이런 반대

여론을 업고 재작년 박근혜정부는 서울시 청년수당과 성남시 청년배당 시행에 발목을 잡기도 했다.

하지만 청년들이 처한 현실을 이제 사람들이 모르지는 않는다. 아무리 물고기 잡는 법을 터득했다 한들 청년들이 앉아 있는 저수지에는 물고기 씨가 말라 있다는 것을, 변변한 낚싯대 하나 없이 메마른 저수지에 내몰린 청년들이 점점 낚시터에서 버틸 기운조차 소진돼가고 있다는 것을, 그래서 낚시에 성공하기까지를 견디는 데 청년 개인의 '노오오오력'을 넘어 사회의 도움이 필요한 때가 되었다는 것을 많은 사람들이 어렴풋이나마 인지하고 있다. 물속 물고기들이 다시 풍성해지게 만드는 것이 가장 좋은 방법이지만, 그날이 오기까지 굶주림을 견뎌내게끔 청년들에게 밥 한 끼 정도를 먹여주는 것도 나라가 할 일이라는 데 마음이 모이고 있다.

1년 사이 이런 공감대가 퍼지면서 분위기가 많이 달라졌다. 2016년까지만 해도 직권취소 처분을 내리며 반대하던 보건복지부는 2017년 4월 서울시 청년수당 사업에 최종 동의 의견을 통보했다. 성남시 청년배당 정책에 무효 소송을 제기하며 시행을 막던 경기도도 2017년 7월부터 '청년구직지원금'이라는 이름으로 청년들에게 현금을 지원하는 정책을 시행하고 있다. 대전시, 광주시, 부산시 등으로도 청년수당 정책이 퍼져나가고 있다. 사실상 이제 인정투쟁은 끝났다. 지금부터는 '어떤' 청년수당이 청년들 삶을 변화시킬 수 있을지 정면승부의 시간이다.

호응 높은 가운데
'선별 지원' 한계도

사업 규모가 가장 크고 또 세간의 관심이 가장 높은 게 서울시 청년수당이다. 보건복지부의 반대에 막혀 2016년 8월 미취업 청년 2831명에게 첫 달치 50만 원을 입금한 것을 끝으로 사업을 접어야 했던 서울시는 2017년 5월 2일 다시 청년수당 신청자 모집 공고를 냈다. 만 19~29세의 서울시 거주 미취업 청년 5000여 명에게 한 달에 50만 원씩, 최대 6개월을 지원한다. '구직활동 및 사회참여 의지가 있는 청년'이라는 신청 자격 조건이 붙어 있다.

1·2차 심사를 거쳐 선정된 청년들은 체크카드 형태의 청년보장카드를 지급받는다. 취업 시험 응시료나 학원 수강비 등 구직활동 '직접비'는 물론이고, 식비·교통비와 같은 '간접비'에도 청년보장카드를 쓸 수 있다. 이번에 서울시 청년수당 지급을 신청한 취업준비생 박미정 씨(29)는 "월 30만 원이 넘는 학원 수강료 등 구직에 들어가는 비용이 너무 부담스럽다. 청년수당을 받게 된다면 돈 걱정 없이 취업 공부에 집중하는 데 큰 도움이 될 것 같아 기대가 크다"고 말했다.

청년들 호응이 높은 가운데 한편에서는 한계를 지적하는 목소리도 나온다. 미취업 청년이라면 누구나 받을 수 있다고 알려져 있지만 사실은 꽤 까다로운 조건을 통과해야 하는 '선별 복지정책'의 요소를 여럿 갖추고 있다는 점 때문이다. 서울시 청년수당은 기준 중위소득 150퍼센트 이하 가구의 청년으로 신청 자격이 제한되어 있다. 가구소득, 미취업 기간, 부양가족 수를 점수로 환산해 순위를 매기고(정량 평가), 선정 심사위원회가 지원 동기와 월별 활동목표 등을 적은 지원서를 검토한 뒤(정성 평가) 대상자를 선정한다. 수당을 받는 중에도 활동 결과 보고서를 통해 '구직활동 및 사회참여 의지'의 초심을 지속적으로 증명해야 한다.

2016년 청년수당 선정 심사에 참여한 청년단체 오늘공작소 신지예 대표(2018년 지방선거에서 서울시장으로 출마하여 청년들에게 큰 공감을 얻은 바 있다)는 "지원자들은 자신이 얼마나 불행한 환경에 있는지를 계획서나 보고서에 끊임없이 증명해야 하는 구조였다. 참여자에게 낙인 효과를 안기고 행정적으로는 모든 사례를 일일이 검토하는 비용이 큰, 기존 선별 복지의 문제점을 그대로 안고 있다"고 말했다. 이런 지적에 대해 서울시 측은 "지난해 제기된 문제점을 올해 사업에서 많이 보완했다"고 밝혔다. 신청과 활동 과정에 드는 '증빙 노동'을 최소화했다는 것이다. 또한 청년수당은 '꿈을 지닌 청년들의 사회 진출을 촉진'하는 특수 목적의 청년복지 사업이기에 최소한의 활동 증빙 과정은 필요하다는 방침이다.

이런 '조건'을 떼고 청년 누구나 수혜를 받는 게 성남시 청년배당이다. 2016년 1월부터 시행된 청년배당은 성남시에 3년 이상 거주한 만 24세 청년이라면 소득, 취업 여부, 구직 여부에 관계없이 누구나 받을 수 있다. 1분기당 25만 원씩 '성남사랑 상품권'으로 지급된다. 매 분기 1만여 명의 성남시 청년들이 동사무소에 들러 청년배당을 받아갔다. 향후 재원을 늘려 19~24세 청년으로 대상을 확대할 계획이다.

성남시는 청년들을 대상으로 가끔 설문조사나 수요조사를 돌릴 뿐, 청년배당을 받은 '이후'를 묻지도 확인하지도 않는다. 청년들은 청년배당금으로 구직에 필요한 학원비나 책값을 내기도 하지만, 마트에서 생필품을 사거나 식당에서 밥을 사 먹기도 하고 생활비에 보태라며 부모에게 주기도 한다. 서울시 청년수당도 구직과 연계된 직접비 이외의 사용처 제한을 최소화했지만 사후 보고 절차 때문에 '자기 검열'이 강하게 작동할 수 있다는 점에서 청년배당과 차이가 난다.

청년배당은 청년에게 주는 돈이라면 마땅히 조건이 붙어야 할 '구직 연계성'이 부족하다는 비판을 받는다. 성남시 측은 이렇게 답한다. "취업준비는커녕 당장 생계 꾸리기도 힘든 청년들이 우리 주변에 너무나 많다. 지자체는 취업 이전에 청년들의 삶 자체를 지원할 필요가 있다." 서울시의 청년수당이 청년을 '취·창업 준비생' 내지는 '진로 모색자' 정도로 본다면, 성남시의 청년배당은 청년을 '취약계층'으로 바라보는 셈이다.

청년배당도 여러 한계가 있다. 성남 지역 내 가맹점에서만 사용 가능한 상품권으로 지급돼, 지역경제 활성화의 부수 효과는 얻을 수 있을지언정 청년들이 느끼는 효용감은 현금보다 낮다. 지난해 청년배당을 받은 성남시의 한 청년은 "받고 사용하려고 하자마자 빠르게 실망했다"고 말했다. "토익 책을 사려고 찾아봤는데 상품권을 사용할 수 있는 지역 서점이 너무 영세해 토익 책이 없더라."* 1분기 25만 원, 한 달 8만 원 남짓한 돈이 청년들의 삶을 얼마나 바꿀 수 있을지도 의문이다. "재원이 한정돼 있다면 차라리 더 절박한 청년들을 골라 더 큰 액수를 주는 게 낫지 않겠느냐"는 지적도 있다.

최근 청년수당 정책을 도입한 다른 지자체들은 대부분 서울시 청년수당 모델을 선택했다. 대전시 청년취업희망카드, 경기도 청년구직지원금, 부산시 청년구직촉진지원카드, 광주시 청년드림사업 등은 그 명칭과 지급 금액은 다르지만 '일정 자격 조건을 지닌 취업준비 청년'에게 '구직활동 지원' 명목으로 돈을 지급한다는 점에서 동일하다. 한 지자체 청년정책과 관계자는 "지역에서 한정된 예산으로 정책을 짜는 처지에, 목적이 모호하고 불분명한 성남시 청년배당보다 '취업에 절박한 청년을 돕는다'는 목표가 뚜렷한 서울시 모델을 따를 수밖에 없다"고 말했다.

* 송하진·우성희, 「조건 없는 공적 재정 지원을 받은 청년들의 삶 경험 탐구」, 2016.

중앙정부의 정책 기조는 어떤 방향일까

'얼마나' 절박한 청년들을 정책 대상으로 삼느냐는 지자체마다 다르다. 그나마 대전시의 '기준 중위소득 150퍼센트 이하 가구 청년'이라는 신청 자격이 서울시와 함께 가장 느슨한 축에 든다. 경기도·부산시·광주시(2기)는 기준 중위소득 70~80퍼센트 가구 청년에 한해 신청을 받는다. 인천시의 인천형 청년사회진출지원사업은 기준이 더 빡빡하다. 기준 중위소득 100퍼센트 이하 청년 가운데 정부의 취업성공패키지 프로그램 참여자에 한해 구직활동 지원비와 취업성공 수당을 지원한다. 경북 청년복지카드는 정책의 결이 많이 다르다. 미취업 청년이 아닌 연봉 3000만 원 이하의 도내 중소기업 종사 청년에게 문화 여가 활동과 자기계발 지원금조로 청년수당이 지급된다.

'구직 연계성'을 정책 목표에 두더라도, 그것에 너무 얽매일 필요가 없다는 데 많은 지자체가 공감하고 있다. 청년수당을 도입한 지자체 대부분이 사용처 제한을 최소화하려고 노력했다. 학원 수강료, 교재비, 면접 의상비 같은 '직접' 구직 관련 지출이 아니더라도 식비, 교통비, 문화여가비 등 '간접' 지출에까지 사용처를 열어뒀다.(물론 도박·총포류·유흥비 등은 제외됐다.) 시험공부도 밥을 먹고 기운을 내야 할 수 있고, 면접도 KTX 비용을 들여야 보러 갈 수 있으며, 취업 실패로 우울한 마음을 영화관 나들이 같은 걸로

○ 청년수당, 지자체마다 어떻게 다른가 ○

	서울시	성남시	대전시	경기도
명칭	청년수당	청년배당	청년취업희망카드	청년구직지원금
시행 시기	2016년 8월 (본격 시행은 2017년 6월)	2016년 1월	2017년 7월	2017년 7월
지원 대상	서울 거주, 만 19~29세, 기준 중위소득 150퍼센트 이하 미취업 청년 5000명	성남시 3년 이상 거주, 만 24세 청년 누구나 (향후 19~24세로 확대)	만 18~34세, 기준 중위소득 150퍼센트 이하 미취업 청년 6000명	만 18~34세, 기준 중위소득 80퍼센트 이하 미취업 청년 1200명
지원 내용	6개월간 50만 원씩 체크카드 내 현금 지원	1분기당 성남사랑 상품권 25만 원 (연 100만 원)	6개월간 30만 원씩 복지카드 형태의 차감 방식	6개월간 50만 원 한도 내에서 실비 정산 지급

	광주시	부산시	인천시	경상북도
명칭	광주형 청년수당 '광주 청년드림(Dream)' 사업	청년 구직촉진 지원카드	인천형 청년사회진출 지원사업	경북청년복지카드
시행 시기	2017년 5월	2017년 9월	2017년 5월	2017년 5월
지원 대상	•1기: 광주 거주 만 19~34세 미취업 청년 140명 •2기: 만 19~29세, 기준 중위소득 70퍼센트 이하 구직 청년 250명	만 19~34세, 중위소득 80퍼센트 이하 졸업유예자·구직 청년 2000명	인천시 거주 만 18~34세 이하의 기준 중위소득 100퍼센트 이하 청년 7000명	도내 중소기업(종사자 3명 이상 99명 이하)에 올해 입사해 3개월 이상 근무해온 연봉 3000만 원 미만의 만 15~39세 이하 청년
지원 내용	•1기: 5개월간 일자리 경험+월 10만 원씩 5개월간 교통카드 지급 •2기: 월 6만 원씩 5개월간 교통카드 지급	연간 240만 원 내(월 최대 50만 원)에서 복지카드 형태의 차감 방식	구직활동비: 월 20만 원씩 최대 3개월간 60만 원 취업성공수당: 20만 원	50만 원 한도 복지카드 5~7월 두 차례 지급

라도 추스를 여유가 있어야 미취업 청년이 '숨 쉴 구멍'이 생긴다는 것을 이제 이해하게 된 셈이다. 대전시 김용두 청년정책담당관은 "궁극적 목적은 취업이지만 거기까지 가는 길에서의 청년의 삶을 생각하며 정책을 짰다. 생활비를 지원받으면 아르바이트 시간이 줄고, 그만큼 시간이 확보되면 취업준비에 집중할 수 있는 선순환이 나지 않겠나"라고 말했다.

특히 지자체는 '그 지역' 청년들의 삶을 기준으로 삼아 청년수당 정책을 짰다. 총론이 비슷해 보여도 각론을 들여다보면 조금씩 다른 이유다. 광역지자체 가운데 가장 이른 2014년 7월부터 청년 정책 전담 부서를 만들고 관련 조례를 구축해온 광주광역시는 오랜 기간 지역 청년들의 삶을 들여다보고 의견을 수렴하는 데 공을 들였다. 광주시 청년정책과 곽상희 주무관은 "중앙정부에서 시행하는 청년 정책은 매우 일괄적이고 매뉴얼화되어 있다. 각 지역에서는 청년들과 감수성을 함께 나누면서 사각지대를 찾아내 보완하는 역할이 중요하다고 생각했다"고 말했다. 그 결과 포착한 사각지대가 '일한 경험이 없거나' '교통비로 고민하는' 광주시 청년들이었다. '일 경험+월 10만 수당'으로 구성된 1기와 한 달 6만 원짜리 교통카드를 지급하는 2기로 청년수당 프로그램을 순차적으로 짰다. 광주시는 향후 부채 청년, 주거 빈곤 청년들을 위한 청년수당 프로그램도 진행할 예정이다.

맞춤형으로 진행되는 지역별 제도 못지않게, 중앙정부가 관련 정책 기조를 어떻게 세우고 또 국민들에게 어떤 메시지를 보내는가도 앞으로의 청년수당 정책의 앞날을 결정한다. 문재인 대통령은 후보 시절 청년구직촉진수당 도입을 공약했다. "고용보험에 가입하지 않은 미취업 청년들(청년 NEET(학생도 노동자도 아닌 무직) 포함, 18~34세 적용)이 중앙정부와 지방정부의 공공고용 서비스에 참여하는 등 자기주도적 구직활동을 증빙하는 경우, 구직 과정에서 생계에 어려움을 느끼지 않을 수준의 청년구직촉진수당을 도입하고 한국형 실업부조로 발전시키겠다"고 공약집에 적었다. 정부는 2019년부터 '문재인식 청년수당'을 도입한다고 2018년 초 발표했다. 졸업이나 중퇴 후 2년 이내 구직활동을 하는 청년에게 6개월간 50만 원씩 청년구직활동지원금을 지원할 것이라고 밝혔다.

2017년 06월

청년수당 150일 실험, 결과를 공개합니다

청년수당을 받은 많은 청년들이 아르바이트를 '끊을 수 있게' 되었다. 아르바이트는 '밥줄'이자 취업을 가로막는 '원흉'이었다. 청년수당은 지친 몸과 마음을 회복할 시간을 벌어주었다.

"명백한 포퓰리즘 복지사업"

—최경환 전 경제부총리

"정체불명의 바이러스 같은 사회에 혼란을 몰고 올 위험한 발상이고, 청년들의 건강한 정신을 파괴하는 아편 같은 존재"

—이인제 전 새누리당 최고위원

"동사무소에서 배급받은 쌀까지 팔아 현금화시키는 기초생활수급자들처럼 젊었을 때부터 공돈 받아쓰는 습관이 들 소지가 많은 정책"

—조정화 부산시의원

서울시 등 지방자치단체가 시행하는 청년활동지원금(청년수당) 정책을 두고 쏟아진 비판이다. 이 말대로 청년수당을 받은 청년들은 정말 '포퓰리즘'에 젖어 '공돈 쓰는 습관'으로 '건강한 정신이 파괴'됐을까?

가장 많은 예산을 들여 광범위한 청년들에게 청년수당을 지급하는 곳은 서울시다. 2017년 7월부터 만 19~29세의 서울시에 거주하는 '구직활동 및 사회참여 의지'가 있는 미취업 청년 5000여 명에게 한 달에 50만 원씩 지급해왔다. 체크카드처럼 사용할 수 있는 청년수당 클린카드(청년보장카드)는 7월부터 9월 말까지 총 27만5000건 사용됐다. 1인당 평균 58건, 건당 결제금액은 9856원, 청년들은 청년수당을 '소액 다회' 쪼개어 썼다. 한 달에 50만 원은 이들에게 어떤 돈이었을까? 서울시 청년수당 참여자들에게 청년수당 전과 후 삶의 변화를 들어봤다.

매달 꿈을 위한
77시간이 주어지다

"원래 주말 야간 편의점 알바를 하고, 돈 모자랄 때마다 평일에 막노동을 하면서 살았는데 큰돈이 한 달에 한 번씩 들어오니까 일하러 나갈 일이 없어졌어요."(예체능 계열 취업준비생) "학생 때부터 아르바이트할 시간에 공부를 했으면 학점도 진짜 잘 나오고 학원도 좀 더 많이 다닐 수 있었을 텐데 하는 생각을 많이 했어요. 누가 돈 좀 줬으면 좋겠다, 나도 용돈 받고 싶다는 생각을 많이 했는데 딱 그 시기에 만난 게 청년수당이었어요."(일반 기업 취업준비생) 올해 서울시 청년수당 참여자들이 심층 인터뷰에서 밝힌 후기 중 일부다.

많은 청년수당 참여자들에게 청년수당을 받으면서 생긴 가장 큰 변화는 아르바이트를 '끊을 수' 있게 되었다는 점이다. 취업준비를 위한 돈을 마련하기 위해 꼭 필요하지만 정작 그것 때문에 취업준비를 할 수 없게 되는 밥줄이자 원흉이 바로 아르바이트였다. 청년수당은 이들이 아르바이트 일터로 오가고 일하느라 지친 몸을 회복하는 데 쓰던 '시간'을 벌어줬다. 2017년 최저시급은 6470원. 수당 50만 원은 청년들에게 곧 77시간의 여유와 같다. 서울시가 올해 청년수당을 홍보하면서 내건 캐치프레이즈도 '청년에게 시간을 드립니다'였다.

3D 모델링 전문가를 꿈꾸는 민성호 씨(29)도 청년수당을 통해 미래를 준비하는 시간을 벌었다. 성호 씨가 원하는 곳에서 일자리를 얻으려면 3D 모델링 포트폴리오를 쌓아둬야 했고 그러려면 또 시간이 필요했다. 업계 정보를 얻고 기술을 배우러 3년 전 서울로 왔지만, 방값과 생활비를 대느라 하루 8시간 아르바이트를 시작해야 했다. 잔업에 2시간, 왕복 통근에 1시간을 추가로 쓰고 집에 돌아오면 쓰러져 자기 일쑤였다. 꿈을 이루기 위해 시작

한 삶이 이상하게 점점 꿈에서 멀어져갔다.

청년수당을 받자마자 아르바이트를 그만뒀다. 그 시간을 오롯이 게임 개발에 쓰고 있다. 대학교 후배와 함께 게임 프로젝트 하나를 시작해 11월 말쯤 클로즈드베타 버전을 내놓을 계획이다. 이 이력이 구직에도 도움이 될 것이다. 시간이 생기니 '사람'도 생겼다. 만나면 돈이 들까 봐 피하고 '나한테 도움되는 사람인가'를 따지며 그간 만나기를 주저하던 선후배와 친구 들을, 청년수당을 받은 뒤로는 무조건 만났다. 재지 않고 사람을 만나니 인맥도 넓어지며 업계 돌아가는 상황도 알고 게임 아이디어도 얻을 수 있었다. 성호 씨는 "50만 원을 받는데, 마치 150만 원 정도의 느낌이다. 12월이 지나면 다시 아르바이트를 해야겠지만 (청년수당을 받는 6개월 동안) 얻은 시간과 사람은 앞으로도 계속 내 삶에 큰 도움이 될 것 같다"고 말했다.

돈도 얻고
용기도 얻고

취업준비생 김세영 씨(29)에게 지난해는 인생에서 가장 힘든 시기였다. 일하던 곳에서 잘리고 모아놓은 돈은 다 쓰고 아르바이트 고용주에게 임금을 떼이는 등 나쁜 일이 겹쳤다. 지나가다가 길에서 외제차만 봐도 '누구 고혈을 뽑았을까' 싶을 만큼 부정적인 마음으로 지냈다. 우울감이 깊어지니 판단력도 흐려져 다단계업체에 빠질 뻔한 위기도 겪었다. 두 달 동안 아르바이트 시간 외에는 집에서 컴퓨터 화면만 들여다보고 밖에 나오지 않았다.

청년수당을 받은 뒤 세영 씨도 제일 먼저 고정 아르바이트를 끊었다. 생활비가 해결되니 취직을 위한 준비를 체계적으로 할 여유가 생겼다. 게임 기획 쪽 일을 구하는 세영 씨는 요즘 포트폴리오와 아이디어 제안서 등 자신의 관심도와 능력을 증빙할 수 있는 자료를 만드는 데 시간을 쏟고 있다. 더불어 세영 씨는 서울시 청년활동지원센터에서 청년수당 참여자들을 위해 마련한 청년 활동 프로그램들에 적극 참여했다. 자기소개서 첨삭, 진로 체험 프로그램, 현직자와의 멘토링 등 안내 문자가 오면 최대한 활용해보려고 노력했다.

그 가운데 세영 씨가 가장 힘을 얻은 곳은 '어슬렁 반상회'라는 청년수당 참여자 소모임이다. 세영 씨는 영화 제작 소모임에 들어가 또래 청년 8명과 함께 20분짜리 영화를 한 편 만들었다. 모두 영화 전문가가 아니다. 홈쇼핑 쇼호스트, 프리랜서 음악가, 공무원, 연기 지망생 등 서로 다른 꿈을 꾸는 청년들끼리 장소 섭외, 분장, 미술 제작, 편집 등 각자 역할을 하나씩 맡아 협업으로 결과물을 완성했다. 영화는 〈그대를 위로하는 온도〉, 꼰대 상사를 마주한 신입 직원의 애환을 담은 청춘 위로 일상물이다.

연출을 맡은 세영 씨는 "점수가 있는 것도 아니고 포상이 따르는 것도 아닌데 바쁜 구직 시간을 쪼개 열정을 갖고 참여하는 걸 보고 서로들 놀랐다"고 말했다. "아마 자기 능력을 적재적소에 쓸 수 있다는 것, 내가 어떤 역할을 할 수 있다는 것에 자존감을 얻은 듯하다. 나도 연출을 하면서 구성원들 사이 협업을 잘 이끌어냈다는 칭찬을 받았는데, 살면서 내 능력에 대한 그런 칭찬이 처음이라 정말 큰 용기를 얻었다"고 말했다.

실제 청년수당 참여자들은 청년수당 외 청년 활동 프로그램에 대한 수요가 높다. 서울시 청년활동지원센터에서는 취업 토크쇼, 현직자 멘토링, 심리 상담, 생활경제 상담, 생활정치 강좌, 소모임 지원 등 다양한 수당 외 프로그램들을 진행했다. 2017년 9월 서울시 청년수당 참여자 4931명 설문조사에 따르면, 이에 참여해본 경험자의 85.4퍼센트와 미경험자 70.3퍼센트가 향후 참여 희망 의사를 밝혔다.

"두 주에 한 번씩 주말에 만나 같이 그림을 그리는 '어슬렁 반상회' 소모임을 다니는데 굉장히 만족스럽다. 새로운 사람들과 만나 이야기하고 같이 그림을 그리는 시간이 좋다."(창업준비 청년수당 참여자의 집단 심층 인터뷰 후기 중) "이전까지는 집 밖에 잘 나가지 않다 보니 무기력감과 우울함도 자주 느껴왔는데, (청년활동지원사업 이후) 밖에 나가서 공부도 하고 친구들도 만나면서 활동적으로 바뀌려고 노력하게 되었다."(청년수당 참여자의 9월 활동보고 중) 밖에 나가 어디엔가 참여하고 사람을 만난다는 것은 어쩌면 청년들에게 한 달 50만 원보다도 더 큰 가치가 있을지 모른다.

“좀 더 대범하게 써도 돼요”

서울시 청년수당 지급이 시작된 지난여름 일부 언론과 야당 의원들로부터 “청년수당으로 술집과 모텔도 이용할 수 있다”는 문제 제기가 나왔다. 이들은 청년들이 구직 준비 대신 유흥비로 나라 세금을 흥청망청 쓸 것이라고 의심했다. 서울시는 문제가 된 사용처에 대한 청년수당 클린카드 승인 내역 832건을 조사한 결과 취지에 맞지 않게 청년수당이 부정 사용된 사례가 확인되지 않았다고 밝혔다.

숙박시설(63건) 평균 사용금액은 3만2000원, 지방 면접과 자격증 시험 등을 위해 이용했거나 하숙집 계약이 만료돼 임시 숙소가 필요한 경우였다. 노래연습장(24건)은 청소년 입장 가능 업소들로 평균 사용금액은 1만5000원이었다. 가장 많은 일반주점(745건) 평균 결제금액은 1만7000원으로 주로 치킨집이었다.

구직을 위한 직접비 외에 식비, 여가생활비 등 청년의 삶을 지원하기 위한 간접비로도 사용할 수 있다는 설명을 받았지만 부정적인 사회 인식 탓에 청년수당 참여자들은 끊임없이 자신의 지출을 ‘검열’했다. 청년수당 참여자 연구를 진행한 서복경 서강대 현대정치연구소 연구원은 “집단 심층 인터뷰에서 만난 많은 청년들이 청년수당을 비판하는 언론 기사를 매우 신경 쓰면서 지출할 때마다 이 돈을 써도 되는지 아닌지 갈등했다”고 말했다. “한 청년은 면접에서 떨어진 날 너무 마음이 힘들어 닭 한 마리를 먹고 싶었다고 한다. 눈에 보이는 닭집에 가서 1만6000원에 사서 뜯어 먹고 카드를 긁으면서 보니, 주점으로 찍혀 너무 놀랐다고 했다. 또 어떤 친구는 서울 밖에서 면접을 마치고 시간이 늦어져 거기서 밥도 먹고 잠도 잘 수밖에 없게 됐는데, 청년수당을 서울 바깥에서 쓰면 또 시빗거리가 될까 봐 갈등했다고 한다."

서복경 연구원이 만난 청년수당 참여 청년들은 나라 세금을 홍청망청 쓰기는커녕, 자신들의 실수로 정책이 중단돼 다음 기회를 기다리는 또 다른 청년에게 피해가 가지 않을까 걱정해(청년수당은 생애 1회만 수혜 가능하다) 스스로 청년수당 사용처에 제한을 두기도 했다. "공무원 시험을 준비하는 청년들은 하루 종일 앉아 있으니 건강관리 차원에서 동네 헬스장에서 회원권을 구매해 운동하고 싶다는 이야기를 했다. 그런데 이것도 '돈도 없으면서 돈 주고 운동하냐'고 욕먹을까 봐 참더라. 청년수당 참여 청년들끼리 '필요하긴 하지만 혹시라도 비난받을 수 있으니 그냥 동네를 뛰자'라는 등 머리를 맞대고 고민하더라. 청년들 건강 문제가 곧 우리 미래 문제와도 연결되는데…. 청년들은 세금의 무게를 충분히 알고 있었다. 그런 측면에서 기특하기도 했지만 한편으로는 마음이 아팠다."

민성호 씨는 청년수당을 취업준비 '직접비'로 쓰지 않아도 취업에 한 걸음 다가가는 느낌을 충분히 받았다. "청년수당으로 영화를 보든 맛있는 걸 사 먹든, 밖에 나가 돈을 쓰다 보니 돈이 없어서 집에만 있을 때와 다른 마음이 들더라. 돈이 더 있다면 이것도 더 하고 저것도 더 할 수 있을 텐데, 그러려면 취직을 해야겠네, 이렇게 구직 의욕이 생기는 것이다. 청년수당 기사에 붙은 비난 댓글을 보면 '너희 밥 먹이려 우리가 세금 내나?'라고 한다. 틀린 말은 아니다. 그런데 밥 먹는 행위 하나가 마음의 변화를 이끌어내 구직활동 의지의 불씨를 태울 수 있다면 의미 있게 쓰이는 것 아닌가?"

2017년 11월 2일 서울시청에서 열린 '청년수당 리턴즈' 행사에서 청년수당 참여자와 새로 합류하는 추가 선정 청년들이 마주하는 자리가 마련됐다. 지난 5개월간 청년수당을 경험한 선배들은 그간의 불안과 고민을 털어놨다. "사용하기가 너무 조심스러워 모든 영수증을 하나도 버리지 않고 모아놓았다" "기사에 '청년'이라는 단어만 떠도 불안하고, 이 정책이 취소되지 않을까 걱정됐다" "포퓰리즘이니 도덕적 해이니 비난하는 목소리 때문에 어디 가서 청년수당 받는다는 사실을 숨기기도 했다" 등등. 그러면서도 후배들에게는 '주눅 들지 말 것'을 조언했다. "청년에게 너무 완벽한 걸 바라는 거 아닐까요? 노력 노력… 매일 삼각김밥만 먹고 살 수도 없잖아요. 여러분, 조금 대범하게 쓰셔도 돼요." "취업 준비할 때 고독함 많이 느끼죠? 혼자 많은 걸 이겨내야 하고…. 그런데 우리 잘못 아니잖아요. 청년수당, 당당히 쓰시길."

2017년 11월

청년수당의 빛나는 성적표

서울시 청년활동지원센터가 2017년 서울시 청년활동지원사업에 참여한 이들을 추적 조사했다. 수당을 받은 청년들은 1년이 지난 현재, 어떻게 살고 있을까?

"마약성 진통제를 놓는 것"
"청년의 정신을 파괴하는 아편"
"정체불명의 바이러스"

2016년 서울시 청년수당 정책이 시작될 때 당시 새누리당(지금의 자유한국당) 등 정치권에서 나온 말들이다. 그 비판이 맞았는지 따져볼 수 있는 시간이 되었다.

'청년수당 1기' 서울시 청년 5000여 명이 2017년 하반기 여섯 달 동안 월 50만 원씩을 지원받은 뒤 1년여가 지났다.(2016년 8월

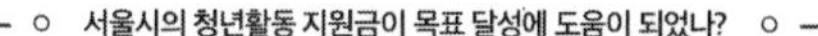

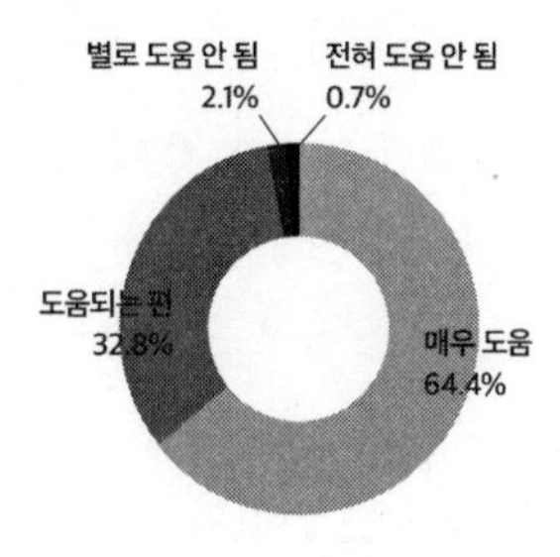

자료: 서울시 청년활동지원센터

서울시의 청년활동 지원금을 주변에 권하겠나?

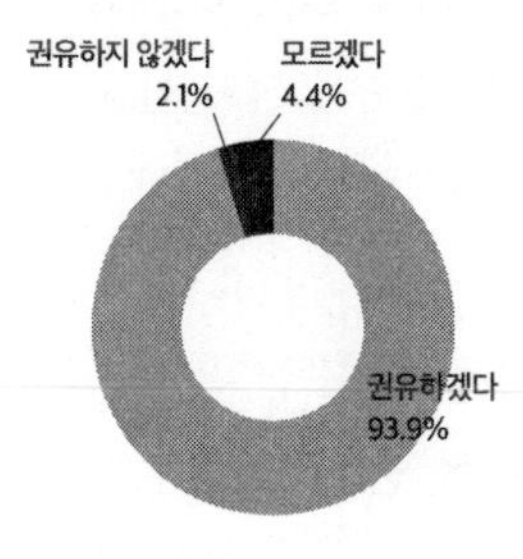

자료: 서울시 청년활동지원센터

첫 사업이 시행됐지만 보건복지부의 직권 취소 처분으로 한 달 만에 지원이 끊겼다.) 청년수당이 '마약'이고 '아편'이라면 이들의 현재는 매우 참담할 것이다. 청년수당 정책의 효과를 검증하려면 청년수당 1기의 현재 삶을 추적, 조사해야 한다. 청년수당 그 후 1년, 수당을 받던 청년들은 어떻게 살고 있을까?

서울시 청년활동지원센터의 「2017년 서울시 청년활동지원사업 참여자에 대한 2018년 추적 조사 분석(응답자 2002명)」 결과, 1년 전 청년수당 참여자들은 지금 활력을 띤 채 잘 살아가고 있다. 조사 결과 마지막 청년수당을 받은 지 1년이 다 되어가는 시점인데도 정책에 대한 만족도가 높았다. 참여자의 97.2퍼센트가 '청년수당이 나의 목표 달성에 도움이 되었다'고 답했다. '주변 사람들에게 청년수당 참여를 권하겠다'라고 답한 비율도 93.9퍼센트였다. '니트(NEET, 학생도 노동자도 아닌 무직)' 상태에 있던 참여자 가운데 38.7퍼센트가 취업했고 2.1퍼센트가 창업했으며 6.4퍼센트가 창작 활동에 매진하고 있다. '구직 중'인 37.5퍼센트와 시험 준비, 창업 준비, 진학 등 '준비 중'인 5.3퍼센트도 목표를 향해 앞으로 나아가고 있다.

청년수당 정책의 성공 지표는 취·창업률 수치만이 아니다. 청년수당 참여자 다수가 이전보다 훨씬 더 긍정적이고 굳센 사람이 되었다는 사실도 이번 조사로 확인되었다. '나는 어려울 때 의지할 사람이 있다' '나는 내가 하고 싶은 일을 잘 해나갈 수 있다' '나는 실패해도 다시 일어설 기회가 있다'는 문장에 고개를 끄덕일 청년이 예전보다 늘었다. 자신에 대한 긍정은 사회와 국가에 대한 인식에도 영향을 미쳤다. 더 많은 청년들이 정부와 지방정부(서울시), 주변 이웃을 신뢰하게 되었다.

청년수당은 '어떻게' 청년들의 삶과 생각을 변화시킬 수 있었

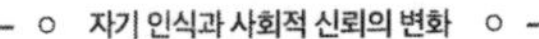

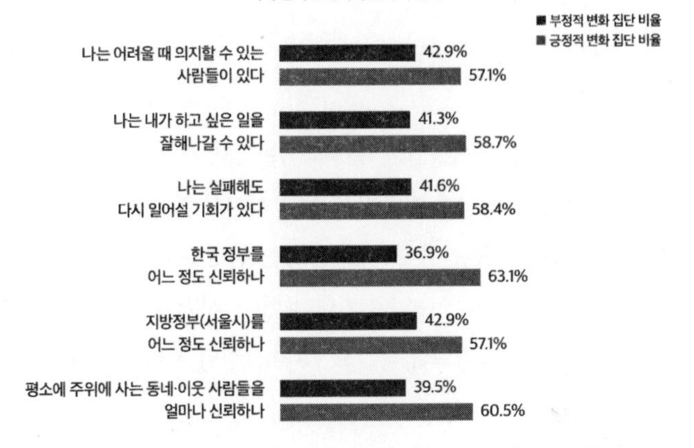

을까? 통계 수치가 미처 전하지 못한 청년수당 에필로그를 들어보기 위해 2017년 서울시 청년수당 사업 참여자 5명을 만났다. 공무원, 심리상담가, 청년 지원 활동가, 마을공동체 활동가, 음악가 등 각자의 꿈과 처한 환경은 다르지만 모두 자신이 원하는 삶의 방향을 정확히 알고 최선을 다해 그곳으로 걸어가고 있는 청년들이다.

오후 3시가
점심시간이었던 까닭

공무원 시험 준비생 채수용 씨(27)는 공부하는 내내 배가 고팠다. 졸업 후 안정적인 일자리를 얻고 싶어서 공무원 시험 준비를 시작했지만 마음 편히 공부할 수 있는 환경이 되지 않았다. 홀로 계신 어머니가 버는 수입에 기대야 했다. 시험 준비 비용을 마련하기 위해 아르바이트를 하기도 했다. 그러면 녹초가 되어 공부를 할 수 없었다.

수용 씨는 '초절약 공부' 전략을 택했다. 아르바이트를 하지 않고 학원 수강비와 교통비를 쓰는 대신 다른 지출을 줄이기로 했다. 첫 번째가 밥값이다. 새벽 일찍 노량진 학원가로 나와 저녁 늦게 집에 돌아갈 때까지 수용 씨는 한 끼를 먹었다. 점심시간은 오후 3시로 조정했다. 남들처럼 낮 12시에 먹으면 너무 일찍 배가 꺼져 오후 내내 힘이 들기 때문이었다. 매일 굶주린 배를 안고 오후 3시를 기다리면서 공부했다.

공부 장소에 들이는 돈도 아꼈다. 500원, 1000원으로 이용할 수 있는 도서관에서 주로 공부했다. 그곳에 자리가 없으면 주변 카페에 몰래 들어갔다. 커피는 주문하지 못했다. 직원 눈에 띄지 않는 구석에 앉아 '도둑 공부'를 했다. 늘 배는 고프고 자리는 가시방석이고, 집중이 잘될 리가 없었다. 수험 기간에 살도 많이 빠지고 속이 쓰렸다.

지난해 하반기 청년수당을 받기 시작하면서 수용 씨는 식비를 가장 많이 늘렸다. 하루 두 끼를 사 먹을 수 있게 되었다. 남들처럼 낮 12시에 점심을, 저녁 6시에 저녁을 먹었다. 늘 그 맛이 궁금하던, 연예인이 광고하는 9000원짜리 수제 햄버거도 먹어보았다. 제대로 된 유료 독서실 이용권도 끊었다. 그런데도 어머니께 손을 벌리지 않아도 되니 마음이 편했다. 공부가 잘됐다.

청년수당이 끊긴 올해 1월부터는 다시 두 끼에서 한 끼로 돌아갔다. 배고픈 걸 참고 공부하면서도 마음이 덜 볶였다. "풍족했던 지난 6개월의 여운이 오래 남았다." 너무 궁금하던 9000원짜리 햄버거 맛이 막상 먹어보니 별거 없었던 것처럼, 잠깐이나마 한번 배불러본 경험은 오히려 다시 배고픈 시절을 버텨주는 힘이 되었다. 수용 씨는 지난 6월 높은 경쟁률을 뚫고 서울시 공무원 필기시험에 합격했다. 경쟁률이 매우 낮은 면접시험만 남겨놓은 상태다.

수용 씨가 곧 일하게 될 직군은 사회복지 공무원이다. 사회복지학과를 전공하면서 이쪽 진로를 택하기도 했지만 청년수당 참여자로 지내면서 보편적 복지정책의 의미를 더 절실히 깨달았다. "저소득층, 장애인, 노인 등 생각하기 쉬운 취약계층뿐 아니라 청년을 포함한 누구나가 사회복지의 대상자가 될 수 있는 것 같아요. 나도 그랬고, 내 또래 다른 청년수당 참여자도 그랬듯이 누구나 각자의 고민과 어려움이 있으니까요."

“세상과의 고리가 연결됐다”

송은주 씨(30)는 노래를 하고 싶었다. 하지만 그 꿈을 깊이 묻어놓고 살았다. 실용음악을 배우고 싶었지만 부모 반대로 클래식 음악을 전공했다. 여러 가지 불운이 겹쳐 대학을 중도에 자퇴했다. 돈을 벌기 위해 생활 전선에 뛰어들어야 했다. 음반 매장에 취직해 5년 동안 일했다. 화장실도 못 가고 밥도 못 먹을 정도로 정신없이 일하다 보니 몸과 마음이 망가졌다. 두 달만 쉬기로 했다. 하지만 수입을 이어가기 위해 곧 다시 일을 찾아야 했다. 내년이면 서른 살이었다. ‘시간을 드립니다’라는 청년수당 참여자 모집 공고를 본 건 그렇게 매일이 초조하고 쫓기던 20대의 끝자락이었다.

청년수당은 정말 ‘시간’을 주었다. 그동안 은주 씨에게 시간이라는 것은 앞만 보고 뛰어가는 수직선과 같았다. 청년수당을 받는 6개월은 지난 30여 년을 돌아보고 지금 서 있는 곳과 나아갈 미래를 조망할 수 있는 ‘수평선의 시간’이었다. 주말에도 거의 일을 나가느라 지난 5년간 엄두를 내지 못했던 가족들과 시간을 보낼 수 있었다. 청년수당 참여자에게는 매달 수당뿐 아니라 청년들이 모여 교류할 수 있는 행사나 커뮤니티 모임에 관한 정보가 문자메시지로 날아왔다. 용기를 내어 신청했다. 집단 상담에 참석하고 목공을 배웠다. ‘자기 정리 시간’을 통해 유아기부터의 삶과 꿈을 돌아봤다. 내가 원래 무엇을 좋아했는지, 어떤 사람이었고 어떤 사람이 되고 싶은지 찬찬히 되짚었다.

그렇게 '수평선의 시간'을 보내고 난 뒤 은주 씨는 치열하게 고민했다. 한 번 사는 인생, 무얼 해야 가장 행복할까, 수백 번 스스로에게 물었다. "노래를 해야겠다." 어쩌면 처음부터 알고 있었지만 두려워서 외면하고 있었던 대답이었다. 결론을 내린 뒤 머리가 맑아졌다. 은주 씨는 내년 초 실용음악과 대학 편입을 목표로 다시 악보를 손에 쥐었다. 노래와 작곡 연습을 하며 머릿속에 그리는 미래는 외신 뉴스에 나오는 한류 가수다. 아니 MTV 무대에만 올라도, 아니 그저 누군가 내 노래에 추억을 담을 수만 있다면 행복할 것 같다.

꿈을 되찾은 뒤 타인과의 관계 맺기에도 적극 나섰다. 친구들 입장에서 수년간 '잠수 타고 있던' 은주 씨는 하나둘씩 지인들에게 연락을 재개했다. 청년수당 참여자들과도 꾸준히 교유 활동을 이어나가고 있다. 은주 씨는 "청년수당을 계기로 그간 끊어져 있던 세상과의 고리가 연결됐다"고 말했다.

이지윤 씨(26)도 청년수당을 받으면서 마음속 깊이 숨겨둔 꿈을 꺼냈다. 식품영양학을 전공하던 지윤 씨는 영양사로 돈을 벌면서 짬짬이 공부를 해 심리상담가가 되겠다는 계획을 짜놓았다. 복수전공으로 심리학을 배우고 학교 심리상담센터에서 상담을 받으면서 '나도 이렇게 들어주는 사람이 되고 싶다'는 생각이 들어서다.

그 계획은 대학 졸업 전 사기업 급식실 영양사 인턴 경험을 하면서 헝클어졌다. 사회에 본격 진출하기도 전 그곳에서 너무 큰 내상을 입었다. 업무상 위계가 높은 남성 조리사는 기분이 나쁘면 어머니뻘인 여성 조리원들을 발로 찼고, 이런 일이 비일비재했다. 그런 일터에서 계속 일하고 싶지 않았다.

'전쟁을 끝내고 온 병사 같은 마음'으로 학교로 돌아왔다. 갈 길을 잃은 채 곧 졸업을 맞았다. 심리학 공부를 하고 싶었지만 대학원을 가려 해도, 자격증 공부를 하려 해도, 하다못해 토익점수 하나를 따려 해도 돈이 필요했다. 그 돈 앞에서 멈칫멈칫 발걸음에 제동이 걸렸다. 일단 돈을 벌어야겠다고 생각해 관심도 없는 회사에 지원서를 냈다. 연이어 퇴짜를 맞던 차에 청년수당을 받게 되었다.

처음에는 '월 50만 원이 생기는구나, 좋구나' 정도의 감상에 그쳤던 청년수당은 의외로 지윤 씨 삶에 작지 않은 변화를 일으켰다. 월 50만 지출에 대한 활동계획서와 보고서를 작성하다 보니 마음속 깊이 묻어놨던 진짜 꿈에 대한 계획을 세우게 되었다. 응시료 앞에서부터 주춤거리던 상담사 자격증 시험을 과감하게 신청했다. 심리학과 대학원 진학을 위해 모집 요강을 꼼꼼히 살펴보고 목표를 정했다. 영어 점수를 갖추기 위해 학원에 등록했다. '이 돈이면 차라리 저걸 하는 게 낫지 않을까?' 이리저리 기회비용을 따지다 아무 일에도 나서지 못했던 예전과 달리 실행의 속도가 확연히 빨라졌다.

마음도 제법 넉넉해졌다. 어머니가 청소기 돌리는 소리에도 위축되던 그였다. 용기를 내어 '어슬렁 반상회' '마음톡톡' 등 여러 청년수당 참여자 교유 모임을 기웃거렸다. 이야기를 나누고, 필름 카메라 출사를 나가고, 노동법 강의를 듣고, 옥상에서 함께 가만히 누워 하늘의 별을 헤아렸다. 쓸데없는 듯 쓸모 있는 시간을 보내면서 '시야가 터지는' 느낌을 받았다. '나만 그런 게 아니구나, 나도 소중한 사람인가 봐.' 위로를 받고 다시 사회로 나갈 마음의 힘을 얻었다.

힐링을 마친 지윤 씨는 이제 '힐러 리(Healer Lee)'를 꿈꾼다. 심리 전공 대학원에 합격해 지난 9월부터 다니고 있다. 학과 조교와 아르바이트를 병행하며 주경야독하느라 눈코 뜰 새 없이 바쁘지만 아무것도 하지 않던 예전보다 오히려 마음은 더 여유롭다. 지윤 씨는 "경제적으로나 심리적으로 사실상 삶에서 자기 주도권을 행사하기 힘든 20대를 잘 도와주는 게 어쩌면 평생 자기 주도의 뿌리가 될 수 있는 것 같다"고 말했다.

청년수당으로 찾은 '다른 길'

정민경 씨(31)는 오랜 기간 한 우물을 팠다. 6년 넘게 공무원 시험을 준비했다. 하지만 공부에 '올인'했던 기간은 6개월이 채 되지 않는다. 공부를 하려면 돈이 필요했다. 아르바이트를 병행하며 찔끔찔끔 공부했다. 노량진에서 하루 종일 사는 '공시족'이 부러웠다. '나도 저렇게 공부하면 붙을 수 있을 텐데….' 미련이 남아서 포기도 못 하고, 공부에 몰입하지도 못한 채 20대가 흘러갔다.

2017년 하반기 청년수당을 받는 6개월 동안 민경 씨는 그간의 갈증을 해소했다. 돈 걱정 않고 공부에 집중할 수 있었다. 편도 한 시간이 걸리는 구립 도서관에 가는 대신 집 가까운 유료 독서실 이용권을 끊었다. 듣고 싶은 인강도 마음껏 신청했다. 마지막 불꽃을 태운 다음 지난 3월 시험을 치렀다. 결과는 탈락. 민경 씨는 "오히려 시원했다"고 말했다. "혼신의 노력을 다해봤는데 안 된 거잖아요. 이전에는 내가 '올인하지 못해 못 붙는가 봐' 핑계가 남았는데 이번에는 문턱이 확실히 높다는 걸 깨달았어요."

미련을 훌훌 털어버린 민경 씨는 '우물 밖'으로 나와 다른 길을 찾기 시작했다. 여기저기 이력서를 넣던 중에 우연히 서울시 청년활동지원센터의 채용 공고를 봤다. 자신과 같은 청년수당 참여자들과 커뮤니케이션하는 청년사업 관리·지원 직책이었다. 합격하리라는 기대보다는 혹여 면접에 가게 되면 "청년수당 참여자로서 큰 도움을 받았다. 감사하다"는 인사를 꼭 해야겠다는 생각으로 지원했다. 합격했다. 지난 5월부터 민경 씨는 정책 '수혜자'가 아닌 '지원 활동가'로 청년수당 사업에 참여하고 있다. "사회에서 도태됐다고 느꼈고 그것에서 벗어나려면 공무원 합격밖에 없다고 생각했다. 그런데 청년수당을 통해 '그 길이 아니어도 된다'는 걸 깨달았다. 우물 밖으로 눈을 돌렸더니 햇빛이 보이는 느낌이었다."

지난 20대를 돌아보며, 또 2018년 청년수당 참여자들을 만나며 민경 씨는 확신했다. "많은 청년들이 시키는 대로 정규 교육과정을 끝내고 졸업했는데 '이제 뭘 해야 하지?' '어떻게 사회에 진입해야 하지?' 이런 질문에 제대로 지원해줄 자원도 없고, 자기 모색할 시간을 갖지 못한 채 대세에 떠밀려간다. 이들이 자기 길을 개척할 수 있는 힘을 기르는 데 청년수당이 역할을 한 것 같다."

마을공동체 기획자로 활동 중인 문승수 씨(27)도 지난해까지 평범한 취업준비생이었다. 경제학과를 졸업하고 금융권 취업을 위해 하반기 공채를 준비하고 있었다. 사람도 만나지 않고 돈도 쓰지 않고 집과 구립 도서관만 왕복했다. 대학 시절에도 동아리 활동 같은 '딴짓'을 하지 않고 학과 공부와 아르바이트에만 충실하던 승수 씨였다.

지난해 7월부터 월 50만 원의 수입이 생기자 처음으로 고개를 들어 책상 밖을 볼 여유가 생겼다. 비슷한 처지의 또래 친구들을 만나 교유해보고 싶다는 생각으로 청년활동지원사업의 비금전적 지원 프로그램에 참여했다. 취업 스터디에서는 나눌 수 없는 이야기들이 오갔다. 독서 모임에서는 함께 영화를 보고 독립서점에 가서 책을 읽었다. 음악 모임에서는 같이 노래를 만들고 스튜디오에 가서 실제 녹음도 해보았다.

올해 4월부터는 교유 프로그램을 통해 알게 된 청년 마을공동체 '강동팟'에서 상근 활동가로 일하게 되었다. 승수 씨는 현재 마을의 사회적 경제나 공동체 기초 자원을 조사하거나 청년 교유 모임 '어슬렁 반상회' 등을 기획·운영하고 있다. 불과 1년 전만 해도 상상하지 못한 모습이다. "어떻게든 전공을 살려서 취업을 뚫어보자는 생각만 하고 옆길로 샐 생각을 못 했다. 그런데 청년수당 참여 기간에 여러 사람들을 만나고 활동들을 하면서 세상엔 다양한 영역이 있고 거기서도 충분히 내가 해볼 수 있겠다는 자신감이 생겼다."

사회에 대한 신뢰도 높아졌다. "국가나 지방정부의 존재를 실감하지 못하다가 이제는 서로가 서로를 신뢰하고 있다는 생각이 든다. 저쪽에서도 나를 믿어주는 것 같고 나도 기꺼이 믿어줄 수 있고. 청년을 산업의 역군으로만 보지 않고 한 명의 사람으로 봐주고 있구나 하는 든든한 느낌이다."

2018년 10월

“청년은 생계 취약계층이다”

“라면만 먹다가 라면에 달갈도 넣고 맛김치를 사서 함께 먹을 수 있었습니다. 가끔 삶에 지쳐 술 한잔이 생각날 때 김에 소주가 아닌, 시장에서 영양가 있고 맛있는 안주를 함께 곁들일 수 있었습니다.” 자신을 ‘7포(취업, 결혼, 출산, 내 집 마련, 인간관계, 취업, 건강을 포기한) 세대’라 소개한 성남시 24세 청년이 청년배당을 받고 쓴 소감문의 한 구절이다. 성남시는 2016년부터 관내 만 24세 청년에게 분기당 25만 원어치 성남사랑 상품권을 지급해왔다. 신은철 성남시 청년복지팀 주무관에게 그 취지와 효과를 물었다.

왜
만 24세 청년인가?

원래 계획은 19~24세인데 재정 한계 때문에 24세부터 시작했다. 차차 밑으로 내려가며 확대하는 게 목표다. 24세 청년을 먼저 설정한 이유는 그 가운데 가장 도움이 절실한 나이기 때문이다. 보통 남성은 군대를 다녀온 뒤 복학하고, 여성은 막 취업을 준비하는, 한창 궁핍할 나이다.

왜
지역 상품권으로 지급하나?

현금으로 주면 청년들은 가장 좋겠지만 다들 서울로 가서 그 돈을 써버리고 선호하는 대형 프랜차이즈에서 물건을 사면 지역경제 활성화가 안 된다. 청년배당으로 청년뿐 아니라 성남의 소상공인들도 이득을 보게 되었다.

구직 연계성이 부족하다는 비판도 제기된다

모든 청년의 목표가 꼭 취업만은 아니다. 청년배당은 자기가 원하는 것을 할 수 있게끔 지원하는 정책이다. 또 그동안 구직 연계성에 집착한 취업훈련 방식의 정책은 모두 실패하지 않았나? 실패한 모델을 뭐하러 좇나? 일자리가 늘지 않는 저성장 시대에 지자체의 역할을 잘 생각해야 한다. 산업구조를 바꾸고 뉴딜 사업을 벌이는 건 중앙정부의 몫이다. 지방정부는 청년이 생계 취약계층으로 전락하고 있다는 점을 인식하고 이들의 복지를 뒷받침해줘야 한다.

기본소득 개념의 청년수당이 필요한 이유는 무엇인가?

못사니까, 취업 못 하니까 주는 것은 사회에 첫발을 내딛는 세대에게 낙인효과만 안겨준다. 한 달에 8만3000원 정도씩 지급하면서 청년들을 선별하거나 그들의 활동을 증명할 필요가 없다. 그 행정비용만큼 더 많은 청년에게 주는 게 낫다.

2017년 06월

청년수당,
꿈을 위한 하루 3시간

앞서 소개한 2017년 하반기 서울시 청년수당 사업. 접수 마감일인 2017년 5월 19일까지 서울시 청년수당을 신청한 청년은 모두 8329명이다. 서울시는 이 가운데 5000명을 뽑아 6개월간 월 50만 원씩 지급할 예정이다. 양호경 서울시 청년활동팀장에게 서울시 청년수당의 취지와 계획을 물었다.

포스터 문구가 '청년에게 시간을 드립니다'다.
어떤 의미인가?

소득이 낮을수록 '묻지마 취업'에 취약하다. 조금 천천히, 본인이 하고 싶은 걸 알아가며 그 꿈을 향해 걸어가는 시간을 확보해주는 게 청년수당이다. 또 저소득층일수록 아르바이트 시간이 길

다. 한 달 50만 원을 최저임금으로 계산하면 하루 3시간 시급 정도가 된다. 최소한 하루 3시간을 자신의 미래에 투자하라는 의미도 된다.

어떻게 대상자를 선정하나?
'증빙 노동'을 호소한 신청자들이 많았다

거의 정량 평가 중심이다. 가구소득, 미취업 기간, 부양가족 수에 따라 순위를 매긴다. 활동계획서를 검토하는 2차 정성 평가의 비중은 그리 크지 않다. 증빙에 따르는 육체적·정신적 노동을 줄여주기 위해 올해는 신청 시스템을 많이 바꿨다.

청년수당은 어디까지 사용 가능한가?
구직활동 '직접비'와 '간접비' 경계가 모호하다

청년수당은 취·창업 지원금 외에 생활비 지원 성격도 있다. 학원을 다니려도 밥값과 교통비가 해결돼야 공부를 할 것 아닌가. 청년보장카드를 대상자들에게 나눠줄 텐데, 결론적으로 '긁히는 데'서는 다 긁어도 된다.

다른 지자체에서도 서울시 청년수당 모델을 많이 따라가는 듯하다. 조언을 한다면?

너무 기존의 정책 틀 내에서 생각하지 말고 자기 지역의 청년들이 어떻게 사는지 보고 자유롭게 고민하면 좋을 것 같다. 좁은 의미의 '구직'을 전제로 정책을 짜지 않아도 효과가 있다.

정부 차원에서의 청년수당도 논의되고 있다

아직 정책안이 나오진 않았지만, 기존 고용노동부의 취업성공패키지 참여수당에 붙일까 봐 걱정이다. 그보다는 지금 지자체에서 진행되는 청년수당 정책을 중앙 정부에서 가져가는 방법이 낫지 않나 싶다. 지역 간 형평성 문제도 해결되고. '서울은 돈 많으니 많이 줄 수 있는 것 아니냐'는 지방에서의 비난이 가장 뼈아팠다.

2017년 6월

"당신이 대통령이라면 청년을 위해 무엇을 할 것인가?"

'정부와 지자체 차원의 청년 정책이 있어야 한다'는 생각은 널리 자리 잡았다. 이제 '어떤' 청년 정책이 필요한가로 나아간 시점이다. 그것을 청년 당사자들이 직접 논의하고 청와대가 듣는, '청년 1번가'라는 이름의 원탁회의가 권역별로 열렸다. 청년들은 '갭이어 지원 정책' '청년 도전 드림팀' '청년정 개설' 같은 아이디어를 냈다.

20~30대 청년들이 삼삼오오 모여 앉아 고민을 토로했다. "집에서 독립을 하고 싶어서 투잡을 뛰어도 비싼 보증금 마련하기가 힘들어요. 내가 사는 지방정부에서 청년 주거 지원책이 나왔다고 해서 찾아봤는데, 세상에 정책 시행 목표 연도가 2022년이네요." "불안했지만 내 길이다 생각하고 빚을 내서 창업을 했다가 결국 실패하고 사업을 접었어요. 실패도 실패지만 도전의 앞뒤가 너무 힘들었어요. 아무런 안전망 없이 무모하게 뛰어들어야 하고, 실패

하고 나서는 재도전할 기회도 없이 모든 피해를 감수해야 하고….
후배들이 나를 보고 '나도 저렇게 되면 안 되겠다'라며 창업을 포기하는 모습도 안타까웠어요."

2017년 11월 23일 부산시 양정동의 청년 커뮤니티 공간 '비밀기지'에서 '청년 1번가' 첫 오프라인 행사가 열렸다. 부산·울산·창원·안동·대구 등 경상도 지역 각지에서 모인 청년 30여 명이 '당신이 대통령이라면 청년을 위해 무엇을?'이라는 질문을 앞에 두고 머리를 맞댔다.

이날 부산(경상권)을 시작으로 12월 2일까지 대전(충청권), 춘천(강원권), 광주(전라권), 제주(제주권), 부천(수도권)에서 청년 정책 제안 권역별 원탁회의가 이어졌다. 각 지역 청년들은 자신이 겪는 어려움을 그림일기로 그려 공유하고 청와대 봉황 문장이 찍힌 청년 정책 제안서에 아이디어를 적어 냈다. 청년 1번가 행사를 주최한 곳은 행정안전부 사회혁신추진단. 정부는 청년 1번가에서 나온 청년들의 제안을 바탕으로 향후 청년 정책의 기본 방향을 설정하고 종합적인 청년 정책과 실행 체계를 마련할 계획이다.

청년 1번가 원탁회의에서 청년들은 여러 청년 정책을 제안했다. 청년들에게 재충전과 진로 탐색의 시간을 제공하는 '갭이어 지원 정책', 당장 돈이 안 되는 것에도 과감히 도전할 수 있는 사회적 완충장치로서 '청년 도전 드림팀', 노인정처럼 청년들이 부담 없이 이용할 수 있는 공간인 '청년정 개설' 등 다양하고 구체적인 안들이 많이 나왔다. 11월 28일 춘천에서 열린 원탁회의를 지켜본 하인호 행정안전부 디지털사회혁신팀 과장은 "보고서로 접해서는 알 수 없는 청년 문제들을 많이 실감했다. 자신들이 겪는 문제와 필요한 정책을 이야기하는 청년들의 말투와 표정을 직접 보면서 감정적으로도 공감할 수 있는 기회였다"고 말했다. 이날 행사장에는 고민정 청와대 부대변인도 참석했다.

공무원들이 판을 깔았지만 구체적인 프로그램 기획과 진행은 청년 당사자들이 직접 맡았다. 부산 행사에 참석한 류설아 경남 청년유니온 사무국장은 "청년 정책은 청년과 함께 만들어가야 한다는 필요성을 이제껏 정부나 지자체가 잘 인식하지 못했는데, 이번에 행안부가 청년 단체 네트워크와 이런 행사를 함께 기획·진행하는 걸 보면 예전과 달리 청년을 (청년 문제 해결의 주체로) 인정하려는 노력은 하는 것 같다"고 말했다. 청년 1번가 오프라인 행사 진행을 맡은 청년단체 협동조합성북신나의 조합원은 "우리끼리 이야기한다고 진짜 반영되는 건지 의문스럽다는 의견도 있었지만, 정부 측 사람들이 많이 나와서 경청하는 모습을 보고 '그래도 반응이 있구나' 했다. 참석한 청년들은 특히 정부를 향해 여론 수렴 이후의 구체적인 청년 정책 행보를 공유해달라는 제안이 많았다"고 말했다.

청년 정책은 많다. 하지만 모두 쪼개져 있다. 청년 주거 문제는 국토교통부의 주거복지 정책 안에, 청년 일자리 문제는 고용노동부의 취업 정책 안에, 청년 교육문제는 교육부의 대학교육 정책 안에 흩어져 있다. 지방자치단체들마다 펼치는 청년 정책의 수준과 결도 가지각색이다. 이런 까닭에 청년 삶을 연속성 있게 바라보고 탐구하는 정책이 없다고 많은 청년들은 호소한다.

'일자리' 문제를 넘어선 사회문제

선거 때마다 정치인들이 "당신들이 희망이다"라며 치켜세우지만 늘 들러리처럼 이야기 한번 '듣고' 지나가버리는 청년들의 목소리를 정책으로 반영시키기 위해 그간 크고 작은 청년 모임들이 전국에 생겨났다. 목마른 청년들이 먼저 네트워크를 만들어 우물을 판 셈이다. 청년들의 이런 움직임은 지자체에 먼저 반영됐다. 2015년 서울시 청년기본조례를 시작으로 여러 지자체들이 청년 관련 조례를 만들었다. 청년 문제를 '일자리'를 넘어선 종합적 사회문제로 바라보는 사회적 틀이 갖춰지기 시작했다.

하지만 틀 안에 내용이 잘 채워지지 않았다. 전국청년정책 네트워크 오윤덕 운영지기는 "재정 자립도가 낮은 지자체의 경우 자체적으로 시행할 수 있는 청년 정책의 규모와 범위가 대단히 협소하고, 청년 인구 유출이 심각한 지역은 의견 수렴을 할 수 있는 당사자 집단의 발굴과 모집에도 어려움을 겪고, 정치적으로 보수적인 지역은 청년 지원에 대한 기성세대와 관료 집단의 저항이 매우 거세다"고 했다. 그렇기 때문에 조례가 있어도 실제 정책 수립과 시행 양상은 천차만별이었다. 결과적으로 청년 정책이 잘 진행되는 지역의 청년은 청년수당도 받고 취업 상담도 받고 문화 경험의 기회도 얻는 데 비해, 청년 정책이 낙후된 지역의 청년은 아무 정책의 수혜도 누리지 못하는 격차가 점점 더 커졌다.

이런 문제의식 아래 논의되고 있는 것이 바로 '청년기본법'이다. 청년에 대한 국가의 책무를 규정해 전국의 모든 청년이 최소한의 기본 권리를 보장받도록 하는 법이다. 김민수 전 청년유니온 위원장은 "현재 지방정부 수준에서 벌어지고 있는 새로운 청년 정책의 형성 과정이 집합적 힘을 가질 수 있도록 국회와 중앙정부 차원에서 청년기본법과 같은 법률을 조속히 재정비해 제도적 뒷받침에 나설 필요가 있다"고 말했다. 이미 국회에 청년기본법안 7개가 올라와 있다. 딱히 반대하는 분위기는 없지만 '굳이 총대 메고 나서는' 정치인 또한 적어서 논의가 지지부진한 상황이었다.

이번에도 목마른 청년들이 먼저 우물을 팠다. 2017년 9월 21일 청년단체 40여 개가 모여서 청년기본법 제정을 위한 청년단체 연석회의를 꾸렸다. 여러 차례 간담회를 거치고 거리에서 시민 1만여 명에게 청년기본법 제정을 촉구하는 서명을 받았다. 2017년 11월 23일 국회에서 서명지를 국회의원들에게 전달하고 토론회를 열었다. 토론회에 참석한 서복경 서강대 현대정치연구소 연구위원은 "사회 양극화와 저출산 고령사회 추세로 지속 가능성을 위협받고 있는 한국 사회에서 청년 정책은 더 이상 유년, 소년, 장년, 노년과 같은 세대 정책의 위치를 가지는 게 아니다. 청년 정책은 불확실성과 위험이 커지는 세계에서 누구도 예측할 수 없는 문제들을 해결해나갈 '주체'를 형성하는 문제다"라고 말했다.

2017년 12월

눈칫밥 안 먹는 프랑스 청년

높은 주거비, 질 낮은 일자리, 고립과 단절…. 프랑스 청년들이 겪는 어려움은 한국 청년들과 크게 다르지 않다. 그렇지만 이에 대한 사회의 대처는 다르다. 청년 개인의 노력을 요구하는 한국 사회와 달리 프랑스는 35년 전부터 청년들의 권리를 보장하기 위해 국가와 지역이 함께 제도적 지원 장치를 마련하고 운영해 왔다.

1982년 청년의 구직과 사회 진입을 위해 프랑스 61개 지역에 설립된, 일종의 청년활동지원 네트워크인 '미시옹 로칼(Mission Locale)'이 그 핵심이다. 2017년 10월 2일 서울시 청년활동지원센터가 주최한 2017 청년보장포럼에 프랑스 미시옹 로칼 관계자 세 명이 참석했다. 니콜라 파르바크 ORSEU 연구소 연구책임자, 세르주 크로이쉬빌리 프랑스 미시옹 로칼 전국조합 대표, 나딘 퀴뷔스크 프랑스 툴루즈 미시옹 로칼 책임자가 이들이다.

이들이 전한 프랑스 청년 보장 정책의 키워드는 '진입'과 '자율성'이다. 불안정하고 취약한 상황에 놓인 청년을 안정적이고 활력 있는 사회적 일원으로 '진입'시키는 것이 청년 정책의 목표이며, 그 과정에서 청년에게 요구되는 가장 중요한 덕목은 '자율성'이다. 자율성을 갖춘 청년을 사회에 진입시키기 위한 미시옹 로칼의 구실은 단순한 '일자리 소개'를 넘어선다. 일자리와 교육훈련은 물론이고 시민성, 건강, 주거, 이동성, 문화, 스포츠, 여가 활동 등이 청년이 누려야 할 권리로서 모두 지원된다. '일자리와 자율성을 향한 동반 활동 여정'이라는 설명처럼, 프랑스 청년 보장은 청년이 놓인 과도기의 삶 그 '여정' 자체를 지원한다.

2017년부터 프랑스에서는 청년 보장 프로그램에 참여하는 만 18~26세 니트 청년(정규교육이나 직업교육을 받고 있지 않은 청년)에게 월 480유로(약 62만 원)의 수당(알로카시옹)도 지급한다. 2010년부터 만 26세 이상의 청년 실업자에게 '적극적 연대 소득'이라는 일종의 청년수당을 지급했는데, 이번에 수당의 범위를 넓힌 것이다. 청년의 알로카시옹 사용처에는 제한이 없다. 나딘 퀴뷔스크 프랑스 툴루즈 미시옹 로칼 책임자는 "제일 급한 곳들, 주로 주거비나 식비, 공공서비스 요금, 운전면허 취득 등에 사용한다"고 말했다. 또한 "수당 지급이나 청년 보장 정책에 대한 사회적 비판의 목소리는 없고 오히려 시민들의 우호적인 반응이 나오고 있다"고 했다. 한국을 방문한 세 사람과의 문답을 통해 프랑스와 한국의 같고도 다른 청년 문제와 청년 정책을 살펴보자.

프랑스에서 직면한 가장 큰 청년 문제는?

니콜라　일자리에 대한 접근과 청년 빈곤이다. 일자리 접근은 사회에 잘 알려져 있는데 청년 빈곤 문제는 가시적이지 않고 숨기려고 하는 경향이 있다. 프랑스에서도 한국처럼 고등 학위를 보유한 젊은이들이 일자리를 찾는 데 어려움이 많고 찾아도 불안정한 직업군, 질이 낮은 일자리에 기간제로 일하는 경우가 많다. 두 번째 청년 빈곤 문제는 사회보장제도가 커버할 수 없는 부분들에서 발생하고 있다. 이를 프랑스의 청년보장 제도가 보완해주는 측면이 있다. 최저소득 제도가 25세 미만 젊은이들에게 적용이 되고 있지 않아서 미시옹 로칼과 청년보장이 보장해주고 있다.

세르주　프랑스에서는 청년들이 '클리셰'에 많이 고통받는다. 청년에 대한 고정관념이 긍정적이지만은 않다. 낙인이 찍혀 있다. '클리셰를 멈춰라'라는 활동 단체도 있다. 또한 지역에서 활동하며 아쉬운 점은 정부 부처 간 청년 정책이 통합되어 있지 않은 것이다. 취직하지 않은 청년이면 자신의 권리를 누리기 어려워진다. 거주지 의료 서비스 등 여러 제약이 따른다. 프랑스도 한국 청년들과 유사한 문제를 겪고 있다.

알로카시옹에 대한 사회 내 비판은 없나?

나딘 도입 당시 대통령이 주도적으로 나섰는데 큰 비판이 없었다. 오히려 지난 4월 노동법 개정 반대 시위가 크게 일어났을 때 청년, 학생들에게 우호적인 반응이 시민들로부터 나왔던 걸로 기억한다. 노동법 개정 시위는 프랑스의 대표 노조에 의해 진행이 됐는데, 총리가 청년보장을 전국 보편화하자는 제안을 하자 노조에서는 학생들에게 기회가 돌아갈 수 있도록 파업도 멈추면서 연대 정신을 발휘한 일도 있었다.

알로카시옹을 받는 청년들에게 요구되는 도덕적 기준이 있나? 청년들의 주요 사용처는?

나딘 일단 지급하고 나서 사용은 자유다. 자유롭게 자기가 쓰고 싶은 곳에 지출할 수 있다. 대개 불안정한 상황에 놓여 있는 청년이 많아서 1차적인 목적에 많이 쓴다. 주거나 식비, 전기료 같은 공공서비스 요금, 혹은 운전면허 취득이나 사회적 진입을 도울 수 있는 다양한 활동들에 쓴다. 심사는 지급 전에 이루어진다. 이 청년이 구직활동에 적극적인지, 어떤 구직활동에 적극적으로 임했는지 컨설턴트에 증거를 내고 입증해야 수당을 받는다.

한국에서 참고할 수 있는 제안이 있다면?

세르주 가능한 한 지자체와 사회적 주체들이 동원할 수 있는 모든 솔루션을 동원해서 청년들의 구직활동을 촉진하는 '동반 활동'을 강화해야 한다. 그 과정에서 청년수당과 같은 정책은 구체적인 측면에서 구직활동을 용이하게 해줄 수 있다. 두 가지를 병행해서 진행하면 의미 있지 않을까 싶다. 기본적인 아이디어는 이런 거다. 청년이 고용에 이르기까지의 여정에 재정 지원을 해주면서 동반자가 되어주는 모델.

니콜라 정부의 청년 정책 하나하나에 과대 해석할 필요는 없다. 그런 정책이 아니라도 청년들이 일자리를 구하고 노동시장에 진입할 수 있는 여지가 많이 있다. 하지만 객관적 수치로 나타낼 수는 없지만 실효성 있는 영향을 미치는 건 틀림없다. 그룹활동들을 통해 실질적인 변화를 목격하고 있다.

2017년 11월

에필로그 흙수저 밥에서 흙 수확 밥으로

가난한 아이들이 내게 밥을 사준 적이 있다. 그때 먹은 오므라이스 맛을 아직까지 잊지 못한다. 정말 맛이 없었다. 슬프고 가시방석이라 그렇기도 했지만, 다 떠나서 객관적으로 맛이 없었다. 달동네라 불리던 서울 어느 지역 싸구려 프랜차이즈 분식점 사장은 구청에서 저소득 가구 아동들에게 나눠주는 '식사 바우처' 쿠폰을 내미는 아이들에게 어제저녁 만들어놨다가 방금 전자레인지에 덥힌 듯한 오므라이스와 돈가스를 내어줬다. 오므라이스 위 케첩이 말라 있었고 곁들여 나온 채 썬 양배추 끝이 까맣게 썩어 있었다.

대학생 때 만난 인근 낙후지역 저소득 가정 초등학생들이었다. 학교와 구청이 협약을 맺어, 동네 대학생들이 어렵고 가난한 초등학생들에게 꿈과 희망을 준다는 취지의 멘토링 사업을 벌였다. 활동비도 받고 취직할 때 자기소개서에도 한 줄 넣으려고 사업에 참여했다가, 생각보다 너무 '못 먹고 사는' 아이들을 보고 충격을 받았다. 대개 한 부모 가정이나 조손 가정 아이들이었다. 집에서 밥을 챙겨주는 어른이 없었다. 배고프다는 아이들에게 뭐가 먹고 싶냐고 물으면 학교 앞 문방구에서 파는 요상한 불량식품 이름을 불러댔다. 구청 등에서 진행하는 복지 행사를 통해 돈가스, 피자, 햄버거는 먹어본 적이 많지만 제시간에 먹는 따뜻한 집밥에는 익숙하지 않은 아이들이었다. 아이들은 제대로 된 '집밥'이라는 게 무엇인지 몰랐다.

아이들이 내게 오므라이스를 사준 날은 성준이가 학교에 오지 않은 날이었다. 매일 방과 후 멘토링 선생님과 만나 함께 문제집도 풀고 운동장에서 땅따먹기도 하고 서점에 가서 책도 사고 극장에서 영화도 보는 활동을 아이들은 모두 좋아했다. 말수는 적었지만 열심히 참여하던 성준이가 어느 날 멘토링에 빠졌다. 성준이 반에 찾아가 담임 선생님에게 물어봤다. "몰라요, 오늘 학교 안 왔어요. 자주 안 와요."

마음이 쓰이던 아이였다. 내가 그때 담당한 아이 넷 모두 평균보다 키가 작거나 마르거나 과하게 뚱뚱하거나 '건강한 어린이' 체형은 아니었지만, 성준이는 유독 작고 마르고 얼굴이 노랬다. 초등학교 4학년인데 언뜻 보면 1~2학년도 안 돼 보였다. 몸집이 작아 또래 친구들에게 괴롭힘도 많이 당하는 눈치였다. 한 친구가 성준이 집 위치를 알고 있었다. 나머지 셋과 함께 성준이 집을 찾아갔다.

서울 시내에 아직 이런 곳이 남아 있었나 싶은 집에서 성준이가 배시시 웃으며 문을 열고 나왔다. 친구들이 부르는 소리에 잠이 깼다고 했다. "오늘 학교 왜 안 왔니?" 친구들은 다짜고짜 집 안으로 들어가 책가방을 벗고 뛰어놀았다. 조심스레 허리를 굽혀 들어간 집에는 성준이 혼자였다. 이불과 밥솥, 앉은뱅이책상과 성준이 엄마의 것으로 보이는 옷가지들이 손바닥만 한 방 안에 함께 흩어져 있었다. 나 바로 전에 성준이를 담당했던 멘토 선배는 성준이가 일하러 나가는 엄마와 단둘이 산다고 얘기해줬었다. 밥솥 뚜껑은 열려 있었다. 안에 까맣게 마른 밥 한 덩이가 보였다. 옆에 놓인 중국집 상호의 반찬 그릇에 노란색 단무지 두세 조각이 남아 있었다. "성준아 밥 먹었니?" 묻자 말수 적은 성준이는 단무지 그릇을 손가락으로 가리켰다. "야, 내가 쏠게 오늘 김밥천국 가자!" 할머니와 단둘이 사는 재영이가 손으로 총 모양을 만들며 말했다.

쏜다니, 무슨 돈으로? 아이들에게는 구청에서 나눠준 식사 바우처가 있었다. 한 달에 다섯 장인가 여섯 장인가, 3000~4000원짜리 밥을 지정된 동네 분식점 등에서 사 먹을 수 있는 식권이 나온다고 했다.

"야, 나도 있어." "지난달에 모아둬서 나도 많아." "야, 우리 선생님도 사주자." "그래그래, 맨날 쌤한테 얻어먹었잖아." 신난 아이들은 말문이 막힌 대학생 선생님을 질질 끌고 밀며 김밥, 콩국수,

돈가스, 제육볶음, 삼겹살, 동태찌개 등 계통 없는 30여 가지 음식 메뉴가 적힌 동네 분식점에 앉혔다.

"얘들아, 선생님이 사줄게. 선생님한테는 활동비가 따로 나와. 그걸로 사주면 돼. 그 식권 그렇게 낭비하면 안 되는 거야. 너희들 필요할 때 쓰라고 나라에서 나눠준 거야. 선생님이 그걸로 얻어먹으면 잘못된 거야." 간곡히 부탁하는데 한 아이가 말했다.

"딱 한 번만 선생님 밥 사주고 싶어서 그래요." 코가 시큰해졌다. "쌤, 오므라이스 드세요. 여기 오므라이스 잘해요." 왁자지껄 떠드는 아이들 속에서 맺힌 눈물이 떨어지지 않게 최대한 눈 깜빡이기를 참으며 오므라이스를 떠먹었다.

구청이 멘토링 사업을 중단하면서 아이들과 헤어졌었다. 두어 달쯤 지나 모르는 번호로 전화가 와 받았다. "쌤, 저 성준이에요." 바로 이어 성준이는 말했다. "우리 엄마가 할 얘기가 있다고 해서… 바꿔드릴게요." 그게 마지막이었다. 안면 없던 성준이 엄마는 내게 무슨 정체를 알 수 없는 인터넷 사이트에 회원 가입을 하고 추천인 아이디로 본인을 적어달라고 부탁했다. 주변 친구 지인들까지 해서 총 10명까지만 그렇게 가입을 시켜줄 수 없냐고 사정하는데, 들어주지 못했던 기억이 난다.

"집밥이 그립다는 생각을 할 수 있는 청년이라면 그래도 사정이 나은 사람들이에요. 진짜 문제는 집밥이 뭔지, 제대로 된 식사가 무엇이고 제대로 된 돌봄이 어떤 건지 경험조차 없는 청년들이에요." 청년 흙밥을 취재할 당시, 한 전문가에게 이 말을 듣는데 성준이가 떠올랐다. 집으로 돌아가는 길 손가락을 꼽아봤다. 지금 성준이는 몇 살일까. 2006년 열한 살이었으니 지금은 스물세 살인가. 잘 지낼까. 뭘 하고 있을까. 잘 먹고 다닐까….

영화 〈리틀 포레스트〉에서 서울의 '흙(수저의)밥'을 견디다 못한 혜원은 고향 빈집으로 돌아가 정성들인 '흙(에서 수확한)밥'을 지어 먹는다. 월동 배추를 뽑아 배춧국을 끓이고, 고구마로 속을 채운 양파를 굽고, 바글바글 밤을 끓여 밤조림을 만든다. 모두 혜원의 엄마가 해주던 음식이다. 영화 속 청년은 엄마의 레시피와 엄마에 대한 추억이라는, '흙(수저)밥'을 뒤엎고 '흙(수확)밥'으로 돌아갈 수 있는 자산을 갖고 있었다.

하지만 성준이는 돌아가서 월동 배추를 뽑을 밭이 없다. 생계에 바쁜 가족은 밥을 챙겨주지 않았다. 지역사회는 바우처 식권으로 그나마 의무를 다했지만, 밥 먹었냐는 말에 단무지를 가리키던 유년기를 바꾸지 못했다. 그런 청년들이 너무나 많다. 밥이라는 것이 상징하는, 스스로를 존엄하고 가치롭게 생각할 수 있는 최소한의 돌봄을 받아보지 못한 아이들이 그대로 청년으로 자라났고, 또 중년, 노년으로 늙어갈 것이다. 예전에도 없었고 지금도 없으며 앞으로도 비빌 언덕이 없는 청년들은 '흙밥'을 너무나 익숙하고 당연하게 먹고 있다.

내가 이렇게 먹고 살아도 된다는 건 곧 남도 그렇게 살아도 된다는 뜻이다. 그렇게 삶의 하향 평준화를 만들어가는 청년들이 안타까웠다. 그들이 포기하고 체념한다면, 우리 사회에도 미래가 없다. 스스로를 돌보지 않는 이들이 어찌 다른 이들을 돌볼 수 있겠는가. 사회가 먼저 그들을 돌본다면 그들도 사회의 더 낮은 곳을 돌볼 수 있을 것이다.

"사지 멀쩡하고 일해서 돈 벌 수 있는 청년을 왜 도와야 하지?" 청년 흙밥을 비롯한 청년 빈곤을 취재할 때마다 들은 비난이다. 청년에게 자원을 배분하면 어린이, 노인, 장애인 등 더 약하고 힘든 사람들에게 돌아갈 몫을 빼앗는 게 아니냐는 말이었다.

하지만 많은 청년들을 만날수록 확신했다. 젊고 건강하고 활기차다는 선입견 아래 가장 쉽게 외면당하는 인권의 사각지대가 바로 청년의 삶이다. 인생의 가장 찬란한 때, 가장 꿈 많아야 할 시기에 우리 청년들이 포기와 체념을 먼저 배우고 있다. 그 포기의 우선순위가 '밥'이다. 우리 사회가 그들에게 다시 희망을 줄 수 있다면 그 시작 또한 '밥'이 아닐까.

청년 흙밥 보고서